LABYRINTH

An International Journal for Philosophy,
Value Theory and Sociocultural Hermeneutics

Printed ISSN 2410-4817
Online ISSN 1561-8927

Vol. 17, No. 1, Summer 2015

CRITIQUE AND ENGAGEMENT:
JEAN-PAUL SARTRE 1905-2015

Editor-in-Chief:
Prof. Dr. Yvanka B. Raynova

Managing Editor:
Dr. Susanne Moser

Advisory Board:

Prof. Dr. Seyla Benhabib (Boston), Prof. Dr. Debra Bergoffen (Fairfax), Prof. Dr. Peter Caws (Washington), Prof. Dr. Lester Embree (Florida), Prof. Dr. Nancy Fraser (New York), Prof. Dr. Alison M. Jaggar (Boulder), Prof. Dr. Domenico Jervolino (Roma/Napoli), Prof. Dr. Andrzej M. Kaniowski (Łódź), Prof. Dr. Alexis Klimov † (Trois-Rivières), Prof. Dr. François Laruelle (Paris), Prof. Dr. Hedwig Meyer Wilmes (Nijmegen), Prof. Dr. Herta Nagl-Docekal (Wien), Prof. Dr. Elit Nikolov (Sofia), Prof. Dr. Hans-Walter Ruckenbauer (Graz), Prof. Dr. Ronald E. Santoni (Granville), Prof. Dr. Anne-Françoise Schmid (Paris), Prof. Dr. Hans-Reiner Sepp (Prague), Prof. Dr. Helmuth Vetter (Wien), Dr. Brigitte Weisshaupt (Zürich), Prof. Dr. Kurt Weisshaupt † (Zürich), Prof. Dr. Andrzej Wiercinski, Prof. Dr. Richard Wisser (Mainz)

Bibliographische Information der Deutschen Nationalbibliothek:
Die Deutsche Nationalbibliothek verzeichnet diese Publikation in der Deutschen
Nationalbibliographie, detaillierte bibliographische Daten sind im Internet unter
http://dnb.dnb.de aufrufbar.

Die wissenschaftliche und redaktionelle Arbeit wurde von der Kulturabteilung
der Stadt Wien – Wissenschafts- und Forschungsförderung unterstützt.

*Labyrinth: An International Journal for Philosophy, Value Theory and
Sociocultural Hermeneutics* is a serial publication of the Institut für Axiologische
Forschungen / Institute for Axiological Research, Vienna – www.iaf.ac.at
For more information please visit the Journal's homepage:
www.labyrinth.axiapublishers.com

© 2015 Axia Academic Publishers
Vienna
All Rights Reserved
Journal & Cover © 1999 Institut für Axiologische Forschungen
Printed in Germany

ISSN 2410-4817 / ISBN 978-3-903068-19-3

www.axiapublishers.com

LABYRINTH, Vol. 17, No. 1, Summer 2015

CRITIQUE AND ENGAGEMENT:
JEAN-PAUL SARTRE 1905-2015

CONTENTS

EDITORIAL

Yvanka B. Raynova (Sofia/Wien)
Wer hat Angst vor Jean-Paul Sartre?   5

CRITIQUE AND ENGAGEMENT: JEAN-PAUL SARTRE 1905-2015

Alfredo Gomez-Muller (Tours/Paris)
La critique sartrienne de l'universel abstrait :
éléments pour une pensée du multiculturel   9

Susanne Moser (Wien)
Sartres und Beauvoirs Antinaturalismus als Kritik
am Geschlechterverhältnis in der Moderne   18

Yvanka B. Raynova (Sofia/Wien)
Die Kritik am transzendentalen Ich:
Zu Sartres und Ricœurs Heidegger-Lektüren   33

Christophe Perrin (Paris)
"Engagez-vous, rengagez-vous…".
Lignée et tradition cartésiennes dans *L'être et le néant*   51

Wesley F. Gunter (New York)
Crossroads of Literature: Sartre versus the New Novelists   71

DISCUSSION

Yvanka B. Raynova (Sofia/Vienna)
Feminism and Gender Studies dismantled?
Critical Reflections on the Occasion of the 650th Jubilee of Vienna University   81

EDITORIAL

Wer hat Angst vor Jean-Paul Sartre?

In einem Gespräch mit Paul Ricœur im Jahr 2003 kamen wir auf Sartre zu sprechen. Da sagte er auf einmal aufgeregt: "Wussten Sie, dass Sartre nach seinem Tod bei uns in Ungnade gefallen ist? Er wurde verboten, seine Philosophie kommt deshalb im akademischen Diskurs kaum mehr vor. Er wird an den Universitäten nicht mehr unterrichtet und man kann über ihn auch kaum mehr dissertieren". Die Frage "Wussten Sie...?", deutete darauf hin, dass diese Tatsache nicht unbedingt bekannt war. Einer der wenigen, der darauf aufmerksam machte, war Bernard-Henry Lévy:

> Meine Lehrmeister (…) waren mittlerweile selbst verstorben. Aber das Verbotene [sic!] hielt sich hartnäckig. Im literarischen Fundus des Zeitgeistes galt die Sartresche Maske zweifellos als der Ladenhüter, dasjenige, wonach am wenigsten gefragt wurde (Lévy 2002, 14).

Wenn heute Sartres Werk von seinen Gegnern als uninteressant und vergessen dargestellt wird, mit dem Hinweis, man lese seine Werke in Frankreich kaum mehr, so wird dieses Verbot natürlich verschwiegen, ohne darauf einzugehen, warum er in anderen Länder doch noch gelesen und über ihn geforscht wird. Als ich im Jahr 2005 eine internationale Konferenz zum 100. Todestag von Sartre an der Universität Wien organisierte, lehnte das Französische Kulturinstitut, im Gegensatz zur Kanadischen Botschaft, energisch ab die Konferenz zu unterstützen. Die Frage, die sich deshalb immer wieder aufdrängt lautet: Wer hat Angst vor Jean-Paul Sartre? Was hat ihn so unbequem gemacht, dass man nach seinem Tod jede Erinnerung an ihn "auslöschen" wollte (siehe Enthoven 2005)? Warum sind die Meinungen auch heute noch so gespalten, sobald sein Name fällt?

Um diese Frage zu klären bräuchte man lediglich die Vorwürfe in Betracht zu ziehen, die in den letzten 35 Jahren immer aufs Neue formuliert wurden. Sartre, so sagt man, sei vielleicht ein guter Schriftsteller und ein großer Philosoph gewesen, aber er habe sich in allen politischen Fragen geirrt, er sei auf der falschen Seite gestanden, derjenigen der Kommunisten, im Gegensatz zu Raymond Aron, der zwar nie zum "Genie" erhoben wurde, aber dafür politisch "die richtige Position", die des Westens, vertreten habe. "Es wäre besser und im Interesse von Sartre, der ein wichtiger Philosoph und Schriftsteller ist, den politisierenden Sartre zu vergessen, der sich lächerlich macht, in dem er Stalin, Mao und Castro bewundert" – teilte zum 100. Sartre-Jubiläum der Aron-Schüler Jean-Claude Casanova der

Zeitschrift *Express* mit (Casanova 2005). Und so muss jedes Mal von Neuem erklärt werden, dass Sartres Verteidigung der Kommunisten in den 50er Jahren durch den kalten Krieg bedingt war, in dem die USA die Übermacht besaßen. Sartre deklarierte in "Les communistes et la paix", dass sein Einverständnis mit den Kommunisten begrenzt sei und dass er keineswegs alle ihre Prinzipien teile.[1] Nach der russischen Invasion in Ungarn 1957 brach er überhaupt die Kontakte mit der UDSSR ab, verurteilte die sowjetischen Lager (Sartre 1956), setzte sich für die russischen Dissidenten ein und wurde von Chruschtschow beschuldigt, Antikommunist und Gehilfe des Kapitalismus zu sein. Sartre war auch nicht blind gegenüber der Politik Mao Tse Tungs: er verurteilte die chinesischen Lager und hob die Bedeutung des Berichts *Prisonnier de Mao* von Jean Pasqualini hervor, der seine siebenjährige Gefangenschaft in einem chinesischen Arbeitslager ausführlich beschrieb (Sartre 1976, 221).

Andere, wie zum Beispiel Peter Sloterdijk, sehen in Sartre nur einen "großen Verneiner" (Sloterdijk 2005). Doch Sartres Kritik, die sich gegen alle Formen der Unterdrückung richtet, hat ein positives Ziel, nämlich den "integralen Humanismus". Sartres synthetische Anthropologie und seine Konversionsauffassung bauen auf dem positiven Ansatz einer Erlösung "ohne Gott" auf. Auch seine Auseinandersetzungen mit dem Politischen und seine Europa-Vision zielen letztendlich auf eine axiologische Begründung ab, die von der Idee der kreativen Erschaffung neuer Gemeinschaften, Lebensformen und Werte geleitet ist.

Sartres Kritik an der Moderne stellt alle universalistischen Systeme, aprioristischen Wertordnungen und abstrakten Menschenrechte in Frage. Im zweiten Band der *Kritik der dialektischen Vernunft* werden die zwei entgegengesetzten gesellschaftlichen Modelle der Moderne hinterfragt: der Kapitalismus mit seiner bürgerlichen Demokratie als eines nichtzentralistischen Systems und der sowjetische Sozialismus als ein bürokratisches und totalitäres System. Da Sartre überzeugt war, dass beide Modelle in sich Mechanismen bergen, die zur Unterdrückung und Entfremdung des Individuums führen, konnte er sich mit keinem der beiden anfreunden. Schon in den 40er Jahren war er davon überzeugt, dass man in Europa nach neuen Lösungen suchen sollte:

> Der historisch Handelnde ist fast immer jemand, der angesichts eines Dilemmas plötzlich eine dritte, bis dahin unsichtbare Möglichkeit auftauchen lässt. Zwischen der

---

[1] Zur Erinnerung: "Il est vrai, le but de cet article est de déclarer mon accord avec les communistes sur des sujets précis et limités, en raisonnant à partir de mes principes et non des leurs. (...) Il est arrivé cent fois, depuis le Congrès de Tours, que des hommes ou des groupes 'de gauche' proclament leur accord de fait avec le P. C. tout en soulignant leurs divergences de principe" (Sartre 1964, 168; Siehe auch Birkhall 2004, 146).

Sowjetunion und dem angelsächsischen Block muß man zwar *wählen*. Ein sozialistisches Europa dagegen ist nicht 'zu wählen', da es ja nicht existiert: es ist *zu schaffen* (Sartre 1986, 224).

Vor diese Aufgaben sind wir heute erneut gestellt, in einem Europa, das immer noch nicht zu sich selbst gefunden hat, das mehr denn je fragil, sozial und politisch gespalten, ökonomisch instabil und nach den Angriffen auf Charlie-Hebdo und der Flüchtlingsflut zum Teil auch "ratlos" da steht, kurz – ein Europa, das dringend neu zu denken und insgesamt neu zu schaffen ist, wenn es nicht als solches vor unseren Augen untergehen soll.

***

Wir haben die beiden Nummern der Zeitschrift *Labyrinth* im Jahr 2015 Sartres 110. Geburtstagsjubiläum gewidmet und in zwei große Themenkreise unterteilt: Band 1 umfasst das kritische Denken Sartres und Band 2 ist dem Bezug zwischen geschichtlicher Situiertheit und individueller Wahl gewidmet. Einige der hier veröffentlichten Beiträge wurden an der Tagung, die ich anlässlich seines 100. Geburtstags an der Universität Wien organisiert habe, gehalten. Sie wurden später überarbeitet und erscheinen hier in einer neuen Fassung. Andere sind wiederum speziell für die jetzige Ausgabe von *Labyrinth* verfasst worden. Eine Ausnahme davon und einen besonderen Stellenwert, zumindest für mich, kommt dem Artikel des verstorbenen Kollegen und Freundes Lars Andrée (1950-2003) zu. Er hat, auf meine Einladung hin, diesen für einer internationalen Tagung im Jahr 1994 gehalten. Der Aufsatz erschien ein wenig später in bulgarischer Übersetzung in *Filosofski alternativi* (1995/4). Hier wird er im französischen Original veröffentlicht, als einer Art verspätete Hommage an den schwedischen Kollegen, der sich intensiv mit Sartres Philosophie- und Literaturwerk beschäftigte. Herzlichen Dank an Alle, die zu dieser neuen Ausgabe beigetragen haben.

Yvanka B. Raynova

Literaturangaben

Birchall, Ian H. *Sartre against Stalinism*. New York / Oxford: Berghan Books, 2004.

Casanova, Jean-Claude / Contat, Michel, "Deux êtres et le réel", propos recueillis par Thierry Gandillot et Marie Zawisza, *L'Express*, 28.02.2005 (online - http://www.lexpress.fr/culture/livre/deux-etres-et-le-reel_826622.html)

Enthoven, Raphaël. "Il reste à tuer l'image de Sartre". *Le Nouvel Observateur*, le mardi 21 juin 2005 (online: http://tempsreel.nouvelobs.com/culture/20050621.OBS0909/il-reste-a-tuerl-image-de-sartre.html)

Lévy, Bernard-Henry. *Sartre. Der Philosoph des 20. Jahrhunderts*. München/Wien: Hanser Verlag, 2002.

Sartre, Jean-Paul. "Après Budapest, Sartre parle", *L'Express*, supplément au No. 281, 9 novembre 1956; repris dans Michel Contat / Michel Rybalka (ed.). *Les écrits de Jean-Paul Sartre*. Paris: Gallimard, 1970, 304-306.

Sartre, Jean-Paul. "Les communistes et la paix", in *Situations, VI. Problèmes du marxisme, 1*. Gallimard, 1964, 80-384.

Sartre, Jean-Paul. "Autoportrait à soixante-dix ans", in: *Situations X*, Paris: Gallimard, 1976, 133-226.

Sartre, Jean-Paul. *Was ist Literatur?* Reinbek bei Hamburg: Rowohlt 1986.

Sloterdijk, Peter. "Le grand négateur", *Le Nouvel Observateur*, jeudi 3 mars 2005 - n°2104 (repris dans *Traverses*, le mardi 14 avril 2009 - http://www.deligne.eu/traverses/sloterdijk-negateur.html)

ALFREDO GOMEZ-MULLER (Tours/Paris)

La critique sartrienne de l'universel abstrait : éléments pour une pensée du multiculturel

Sartre's Critique of the Abstract Universal: Elements for a Multicultural Thinking

Abstract

The question of cultural justice, which refers in different contexts to the exigency of universality, constitutes a central aspect of Sartre's writings after World War II as f. ex. Réflexions sur la question juive *(1946),* Orphée noir *(1948),* Cahiers pour une morale *(1947-1948), the famous Preface to* Les damnés de la terre *of Franz Fanon (1961), and his article on the "question basque" (1971). In this texts Sartre poses some questions, which are crucial for the contemporary multiculturalism debates, specially the questions of cultural justice, of the concepts of universality and the practical subject, of the articulation between cultural justice and distributive justice, as well as of the relation between person, economics and culture. The aims of this article is to discuss the main points of Sartre's critique of the abstract universality on the basis of his* Réflexions sur la question juive, *and to articulate the fields where Sartre's thought offers the theoretical resources for a contemporary debate on cultural justice.*

Keywords: Jean-Paul Sartre, multiculturalism, universalism, cultural diversity, justice, oppression

---

L'exigence de justice culturelle est aujourd'hui une question majeure qui se pose, de manière théorique et pratique, à la réflexion éthique et politique. Issue, pour ce qui est de sa formulation contemporaine, de diverses circonstances historiques parmi lesquelles on peut mentionner la décolonisation, l'apparition d'une nouvelle critique sociale et théorique à partir de la fin des années 1960 et la mondialisation contemporaine –, la problématique de la justice culturelle pose d'une manière inédite la question fondamentale du rapport entre l'universalité et la particularité. Dans la perspective de l'universalisme libéral "classique", fondé sur le principe de l'égalité abstraite des personnes considérées comme purs sujets de droits, l'exigence de justice culturelle – désignée le plus souvent comme exigence "multiculturaliste" – apparaît à la fois comme une revendication vaine et comme une menace pour l'unité sociale et politique. Revendication vaine, car la démocratie libérale, adoptant le principe de la "neutralité bienveillante", laisse à chaque individu la liberté d'assumer ou non son identité culturelle propre ; revendication menaçante, car elle porterait atteinte à l'unicité du droit et signifierait une régression historique par delà les Lumières. Face à ces critiques, d'autres théoriciens défendent, y compris dans la perspective libérale, l'exigence de justice culturelle au nom même des principes modernes d'universalité, d'égalité et d'autonomie des personnes : rejetant la fiction de la "neutralité bienveillante", qui est dénoncée comme un dispositif d'oppression culturelle, ils opposent à l'universalité abstraite et prétendument neutre du libéralisme formaliste une forme "concrète" d'universalité, accueillant la différence culturelle et prenant au sérieux les situations historiques d'inégalité et d'oppression culturelle.

    La question de la justice culturelle, référée à des contextes définis par l'exigence d'universalité, constitue un aspect central de la réflexion de Sartre sur la justice à partir du tournant de la deuxième guerre mondiale. Au niveau pratique, elle sous-tend la position anti-raciste et anti-colonialiste que Sartre assumera jusqu'à la fin de sa vie ; au niveau théorique, elle trouve sa première expression dans les *Réflexions sur la question juive*, rédigées à partir de 1944 et publiées en 1946, et se poursuit ultérieurement dans des textes tels que *Orphée noir* (1948), les *Cahiers pour une morale* (1947-1948), la préface aux *Damnés de la terre* de Franz Fanon (1961) et son article sur la question basque de 1971, écrit au moment où la problématique de la justice culturelle émerge d'une manière inédite, dans le prolongement des mouvements de contestation sociale et culturelle de la fin des années 1960. À travers ces multiples textes, Sartre aborde, de manière diversement systématique, des questions qui sont au cœur du débat contemporain sur le "multiculturalisme", et, plus largement, sur la justice culturelle : les concepts d'universalité et de sujet pratique, l'articulation entre justice culturelle et justice distributive, le rapport entre personne, économie et culture. Dans le cadre limité de cet article, nous voudrions dégager les grandes lignes de la critique sartrienne de l'universalité abstraite, à partir notamment des *Réflexions sur la question juive*. Sur cette base, nous pourrons identifier quelques-uns des domaines où la pensée de Sartre offre des ressources théoriques pour le débat contemporain su la justice culturelle.

1. Deux négations de la différence culturelle

    Dans la vie et dans la pensée de Sartre, la question de la justice culturelle et ethnique surgit comme problème politique à partir de deux expériences contemporaines de non-reconnaissance de l'universalité des droits et du sujet des droits : le régime raciste instauré en France après la débâcle de 1940, et le régime de la ségrégation raciale aux États-Unis, que Sartre découvre en 1945 lors de son premier séjour dans ce pays. Dans le premier cas, l'oppression, qui s'achève dans le génocide, se rattache à la négation explicite de l'universalité des droits et de l'universalité de l'humain : l"antisémite – écrit Sartre – veut détruire le Juif comme homme, c'est-à-dire comme universalité humaine, pour ne laisser subsister en lui que "le paria, l'intouchable", bref l'inhumain (Sartre 1985, 68).

Dans le second cas, qui est l'héritage d'un ancien génocide, l'oppression ethnique et culturelle s'exerce dans le cadre institutionnel d'une démocratie libérale qui reconnaît formellement l'universalité des droits et l'égalité universelle des humains : "En cette terre d'égalité et de liberté vivent treize millions d'intouchables (...) Partout, dans le Sud, on pratique la "ségrégation" : il n'est aucun lieu public où l'on voie Blancs et Noirs se mélanger" (Sartre 1945). Dans les deux cas, Sartre utilise deux termes qui proviennent du régime indien des castes, "paria" et "intouchable ", pour décrire la situation de l'opprimé.

Par delà les différences qui les séparent, ces deux expériences historiques reposent sur un sol commun, à savoir, la négation de l'universalité de l'humain et des droits de l'humain. Dans un cas, cette négation se fait contre l'universalité libérale ; dans l'autre – le régime de ségrégation raciale aux États-Unis – elle se fait sous l'universalité libérale. Nous touchons ici à ce qui semble de prime abord un paradoxe, voire une contradiction fondamentale : la négation de l'universalité de l'humain et des droits de l'humain dans un cadre constitutionnel fondé sur le principe de l'universalité de l'humain et des droits de l'humain. La réflexion de Sartre sur l'oppression culturelle et ethnique ainsi que sur les conditions de son dépassement prend son point de départ dans l'analyse de cet apparent paradoxe. Écartant la réponse facile de l'humanisme libéral, qui établit un rapport purement contingent entre la réalité sociale de la ségrégation et le principe universaliste libéral, l'analyse de Sartre déconstruit l'opposition dichotomique entre l'"universalisme libéral" et le "particularisme anti-libéral". En dépit des différences qui les séparent, l'universalité formaliste du libéralisme abstrait et l'anti-universalisme raciste convergent dans une position commune ethnocentrique, hostile à l'égard de la différence culturelle ou ethnique[1]. Dans les *Réflexions sur la question juive*, l'analyse de cette proximité prend la forme d'une critique du "libéralisme abstrait" et de son principe fondateur, l'universalisme abstrait. L'essentiel de cette critique porte sur deux points : a) l'universalisme abstrait est le dispositif politique d'une particularité hégémonique ; b) en tant que négation de l'humain en situation, l'universalisme abstrait n'est pas en mesure de répondre aux deux exigences corrélatives de justice culturelle et de justice distributive.

---

[1] Will Kymlicka, qui défend l'idée d'un multiculturalisme libéral, a évoqué les liens qui relient le libéralisme universaliste de la "neutralité bienveillante" à "l'ethnocentrisme des cultures européennes" (Kymlicka, 2001, 78 et 165.

1.1. *Universalisme formel et particularisme effectif*[2]

La compréhension libérale de la démocratie et de la "Nation" expurge les liens d'appartenance qui définissent l'identité symbolique des personnes et des communautés concrètes, pour les remplacer par des liens purement contractuels, c'est-à-dire juridiques : "l'égalité" équivaut ici à l'indifférenciation des sujets de droit, formellement indistincts. Dans les termes d'Alain Renaut, le sujet du droit "n'est ni homme, ni femme, ni juif, ni noir, ni blanc, ni jeune, ni vieux, ni propriétaire, ni non-propriétaire, ni nanti, ni démuni ; il n'est proprement "rien", et c'est parce que le sujet de droit que le droit des Modernes, neutralisant les différences, est un droit universel, comprendre, un droit de l'être humain comme tel (Renaut 2002, 119).

Or, c'est précisément dans l'affirmation de son caractère "abstrait" que l'universalisme libéral se révèle particulariste et hostile à la différence : le démocrate libéral, écrit Sartre, souhaite "séparer le Juif de sa religion, de sa famille, de sa communauté ethnique, pour l'enfourner dans le creuset démocratique, d'où il ressortira seul et nu, particule individuelle et solitaire, semblable à toutes les autres particules" (Sartre 1985, 67).

Ainsi, le "libéralisme abstrait" reprend, à un autre niveau, l'intention fondamentale de l'antisémite : la négation du Juif. Quelles que soient les différences qui peuvent par ailleurs les séparer, le libéralisme et l'extrême-droite raciste convergent, dès lors, dans cette négation de l'identité symbolique du Juif :

> Pour un Juif conscient et fier d'être Juif, qui revendique son appartenance à la communauté juive, sans méconnaître pour cela les liens qui l'unissent à une collectivité nationale, il n'y a pas tant de différence entre l'antisémite et le démocrate. Celui-là veut le détruire comme homme pour ne laisser subsister en lui que le Juif, le paria, l'intouchable ; celui-ci veut le détruire comme Juif pour ne conserver en lui que l'homme, le sujet abstrait et universel des droits de l'homme et du citoyen. On peut déceler chez le démocrate le plus libéral une nuance d'antisémitisme : il est hostile au Juif dans la mesure où le Juif s'avise de se penser comme Juif (ibid., 68).

Cette nuance d'antisémitisme se traduit, au niveau social et politique, par l'exigence d'assimilation totale (ibid., 69) qui est adressée au Juif : finalement, il faut que la particularité juive se dissolve dans l'universalité a priori abstraite de la "Nation". À certaines époques de l'histoire – Sartre mentionne le cas de Napoléon – on a pu envisager des mesures politiques et juridiques de contrainte afin de parvenir à cette assimilation : francisation des noms, politique de mariages mixtes, interdiction des pratiques de la religion (ibid., 175). Dans le

---

[2] Dans les pages suivantes, nous reprenons certains développements de notre ouvrage *Sartre, de la nausée à l'engagement* (Gomez-Muller 2005, 170-189).

contexte politique de l'après-guerre, le "démocrate" libéral compte plutôt sur les effets, à moyen et long terme, de la négation au niveau public des identités concrètes – religieuses, culturelles, ethniques, etc. Or, quelles que soient les différences de méthode – assimilation à la "manière forte" ou à la "manière douce" -, le représentant autoritaire ou le représentant démocrate libéral de la "Nation" conçoivent l'assimilation comme dissolution de l'identité particulière de l'homme concret dans le tout apparemment indifférencié et abstrait de la "Nation". Or, la "Nation" n'a jamais un contenu purement contractuel, comme dans la célèbre définition de Sieyès[3] : elle contient également, comme le montre par exemple la politique des langues de la République, depuis la Révolution jusqu'à nos jours (voir Certeau, Julia, Revel 1975; Renaut 2000), des contenus culturels particuliers. L'exigence d'assimilation culturelle, que nous distinguons de l'exigence d'intégration sociale, est l'expression politique de l'hégémonisme d'une particularité qui se rapporte à elle-même comme à une Essence absolue, immuable et ahistorique.

1.2. L'universalisme abstrait et la personne concrète

L'universalisme abstrait ne peut pas être le principe exclusif du politique, car il n'est pas en mesure de répondre aux exigences propres à humain en *situation,* c'est-à-dire les exigences des personnes concrètes. Les personnes concrètes, écrit Sartre, sont toujours des êtres en situation : cela signifie que chaque personne «...forme un tout synthétique avec sa situation biologique, économique, politique, culturelle"; elle est un "ensemble indécomposable où le psychique, le social, le religieux et l'individuel s'interpénètrent", un "produit" concret et singulier de l'histoire, bref, un "singulier" ou, plus précisément, une singularité qui se fait dans et par sa situation et qui donne, par là même, du sens à sa situation (Sartre 1985, 66, 72, 77 et 142). Pour "se faire", c'est-à-dire pour se constituer comme soi-même ou comme personne capable de (re)créer socialement du sens et des valeurs, le sujet procède à partir d'une "situation" qui comporte, parmi d'autres conditions, des contenus symboliques transmis par des cultures ainsi qu'un certain accès aux biens et aux avantages sociaux. En visant la dissolution des identités symboliques et concrètes dans le creuset d'une identité purement juridique et abstraite, et en réduisant le lien politique à un lien purement contractuel, le libéralisme abstrait "respecte" et fonde ce que Theodor Adorno a appelé une "vie mutilée", ayant pour seul contenu la production et la consommation, c'est-à-dire une vi'e entièrement signifiée par les logiques anonymes de la production matérielle. Dans les termes de Sartre, le libéralisme abstrait conditionne des formes de vie "inauthentiques".

---

[3] "Qu'est-ce qu'une nation ? Un corps d'associés vivant sous une loi commune et représentés par la même législature" (Sieyès, 1988, 40).

2. L'universel concret

À partir de cette critique de l'universalisme et du libéralisme abstraits, Sartre oriente sa pensée éthique et politique vers la recherche d'une nouvelle compréhension de l'universel, capable d'accueillir la différence culturelle et fondée sur une compréhension du sujet de droit comme sujet en situation : un universel normatif concret.

2.1. Accueillir la différence culturelle

Dans les *Réflexions sur la question juive,* le thème de l'universalité concrète appartient, pour l'essentiel, au registre politique – mais d'un politique qui n'est pas dissocié de l'éthique. L'universalité concrète est le principe d'une conception du politique que Sartre nomme le libéralisme concret, et qu'il présente comme le projet de construction d'une nouvelle citoyenneté démocratique. À la différence du "libéralisme abstrait" (p. 142), qui efface abstraitement la multiplicité des identités culturelles, le "libéralisme concret" est une forme d'universalité capable d'intégrer effectivement en son sein la singularité et la différence. "Les Juifs, comme aussi bien les Arabes ou les Noirs" participent également, avec les autres citoyens, à l'universalité de la citoyenneté, mais ils participent "...à titre de Juifs, de Noirs, ou d'Arabes, c'est-à-dire comme personnes concrètes" (ibid., 177). Le libéralisme concret reconnaît non seulement les "droits légaux" (les droits-libertés) du Juif, mais aussi "des droits plus obscurs, mais aussi indispensables, qui ne sont écrits dans aucun code" : le droit à avoir "son caractère, ses mœurs, ses goûts, sa religion s'il en a une, son nom, ses traits physiques" (ibid., 178). Sartre ne précise pas quelles seraient les lois et les institutions publiques chargées d'assurer la reconnaissance effective de ces derniers droits, qu'on pourrait désigner comme droits relatifs à la reconnaissance des minorités culturelles et/ou ethniques. Or, en dépit de cette absence de précisions, et malgré l'ambiguïté de son idée d'une assimilation historique du Juif, Sartre esquisse, dans son premier essai politique, des linéaments essentiels de ce qu'on pourrait nommer aujourd'hui une théorie politique de la citoyenneté multiculturelle. Ainsi, le libéralisme concret entend assumer à la fois les deux exigences d'universalité et de reconnaissance de la particularité : l'universalité de la citoyenneté est déterminée non pas par *l' être* (la "nationalité") mais par *l' agir*, c'est-à-dire par la participation active de chacun – blanc ou noir, juif ou arabe, croyant ou incroyant – à la vie de la société (ibid., 177) ; la particularité culturelle ou ethnique, constitutive de l'identité symbolique des personnes, est reconnue et protégée en tant que droit fondamental de la personne concrète.

Par cette dissociation de la citoyenneté et de la "nationalité", le libéralisme concret propose au niveau du droit une solution originale, par delà la politique de "l'assimilation totale" (p. 69), à la "question juive", c'est-à-dire, plus généralement, à la question politique de la reconnaissance des droits spécifiques aux minorités culturelles et/ou ethniques. Or, la reconnaissance publique de l'Autre comme personne concrète ne se joue pas uniquement au niveau du droit : elle doit aussi, et surtout, se vérifier dans la vie sociale. La reconnaissance universelle de l'égale dignité du Juif, de l'Arabe ou du Noir ne peut être effective en dehors d'une politique de justice socio-économique. La justice culturelle et justice distributive ne doivent pas être séparées.

2.2. L'humain en situation : justice culturelle et justice distributive

Le "libéralisme concret" propose une politique fondée sur une compréhension de la personne comme synthèse concrète ou synthèse vivante (Sartre 1985, 65 et 77)[4]. La personne est l'unification intérieure de multiples déterminations : physiques, biologiques, psychiques, historiques, culturelles, économiques, etc., qui constituent la *situation* de la personne (pp. 72 et 77). Si nous nommons "liberté" cet acte de totalisation intérieure de la multiplicité du donné, nous considérerons la personne comme une "liberté en situation". À partir de cette conception de la personne, le libéralisme concret se propose comme tâche principale – sans négliger pour autant l'éducation et l'interdiction par la loi des propos et des actes antisémites – la transformation des conditions historiques qui sous-tendent l'antisémitisme : il faut "changer les perspectives du choix pour que le choix se transforme" (p. 180). L'antisémitisme est possible dans des sociétés marquées par la "séparation des hommes et leur isolement au sein de la communauté", séparation qui s'exprime, au niveau économique et juridique, par l'appropriation privée de la richesse sociale. Il y a des conditions sociales et économiques qui sous-tendent l'antisémitisme, et sur lesquelles doit agir, par conséquent, toute politique visant à instaurer au mveau de la vie sociale la reconnaissance effective et universelle de l'Autre. En se référant à l'universalisme abstrait qui s'oppose analytiquement au particulier, Sartre explicite dans les *Cahiers pour une morale* ce rapport entre l'économie, l'éthique et le politique :

> L'économique était justement ce qui tombait par principe en dehors de la morale universaliste; c'était simplement l'ensemble organique des moyens de subsistance de l'homme (..). Si, au contraire, nous avons démontré qu'ils conditionnent l'attitude de l'homme en

---

[4] Sartre emploie par ailleurs les expressions de "totalité syncrétique" (ibid., 19) et de "réalité synthétique " (ibid., 66).

face de l'homme, voici que notre entreprise devient d'abstraite concrète et d'universelle particulière. A ce moment-là il s'agit de détruire une organisation déterminée" (Sartre 1983, 174).

Le "libéralisme concret" de Sartre en 1944 ne s'oppose donc pas au socialisme, compris comme projet de construction d'une "société sans classes et fondée sur la propriété collective des instruments de travail". Le libéralisme de Sartre, à cette époque, n'est pas économique, mais politique. Sartre s'affirme "libéral" en ce qu'il assume l'exigence d'une universalité normative référée à des sujets libres et égaux ; il s'affirme "socialiste" en ceci qu'il revendique une redistribution de la richesse sociale de manière à ce que la reconnaissance de la dignité, de l'égalité et de la liberté des personnes soit une réalité pour tous. Le socialisme, comme le libéralisme concret, vise donc à réaliser l'exigence de l'universalité normative, et non pas à la nier. Le libéralisme concret est le socialisme : universalité concrète, en mesure de reconnaître effectivement à chaque citoyen à la fois les besoins matériels (accès égal pour tous aux biens et aux avantages sociaux) et symboliques (reconnaissance, pour chaque sujet humain, de "son caractère, ses mœurs, ses goûts, sa religion s'il en a une" (ibid., 178). Ce socialisme n'exclut ni la religion ni la diversité culturelle : il leur assure, au contraire, les conditions de leur existence, car il dissocie la citoyenneté de la nationalité : le principe de l'universalité citoyenne n'est pas la neutralisation de l'identité concrète des sujets, mais la "participation active" de chacun à la vie de la société, c'est-à-dire l'agir solidaire. Fondée sur la solidarité agissante de tous à l'égard de tous, la citoyenneté universelle est l'espace où s'affirme à la fois l'universalité concrète et la particularité concrète, ce qui revient à dire la responsabilité positive de tous envers tous et la responsabilité de chacun à l'égard de soi-même en tant que personne concrète, se définissant par une identité symbolique. Qualifiée éthiquement par l'universalité concrète de l'agir solidaire, l'affirmation de soi ne se fait pas dans l'indifférence à l'égard de l'autre, ni, encore moins, au détriment de l'autre. Dans la perspective de ce "libéralisme concret" ou de ce "socialisme", qui articule la justice culturelle et la justice distributive, la politique n'est pas séparée de l'éthique : elle a du sens et de la valeur : sa tâche est de "faire exister le règne humain" (Sartre 1985, 181).

*Prof. Dr. Alfredo Gomez-Muller, Université François Rabelais, Tours /
Institut Catholique, Paris, alfredo.gomez-muller[at]univ-tours.fr*

Références

Certau, Michel de / Dominique Julia / Julia, Jacques Revel, *Une politique de la langue. La Révolution française et les patois : l'enquête de Grégoire*, Paris: Gallimard, 1975.

Gomez-Muller, Alfredo. *Sartre, de la nausée à l'engagement,* Paris: Éditions du Félin, collection "les Marches du Temps", 2005.

Kymlicka, Will. *La Citoyenneté multiculturelle. Une théorie libérale du droit des minorités,* traduction française de P. Savidan, Paris: La Découverte, 2001.

Renaut, Alain. "Le débat français sur les langues régionales", dans *Comprendre. Revue de philosophie et de sciences sociales,* n° 1 (2000), p. 381-400.

Renaut, Alain. "Le multiculturalisme est-il un humanisme ?", dans Lukas K. Sosoe (dir.), *Diversité humaine. Démocratie, multiculturalisme et citoyenneté,* Paris/Laval: L'Harmattan/Presses de l'Université de Laval, 2002.

Sartre, Jean-Paul. "Retour des États-Unis. Ce que j'ai appris sur le problème noir", *Le Figaro,* 16 juin 1945.

Sartre, Jean-Paul. *Cahiers pour une morale*, Paris: Gallimard, 1983.

Sartre, Jean-Paul. *Réflexions sur la question juive* (1946), Paris: Gallimard, collection "Folio", 1985.

Sieyès, Emmanuel Joseph. *Qu'est-ce que le Tiers-État ?* (1789), Paris: Flammarion, Paris, 1988.

SUSANNE MOSER (Wien)

Sartres und Beauvoirs Antinaturalismus als Kritik am Geschlechterverhältnis in der Moderne

Sartre's and Beauvoir's Antinaturalism as Critique of the Concepts of Gender Relations in Modernity

Abstract

Sartre's and Beauvoir's antinaturalism can be seen as the rejection of the attribution of some particular "nature" to specific social groups in order to deny essential aspects of their human being or even of their humanity as such. Since the existential approach starts from the lived experience and includes praxis as a crucial factor of becoming oneself, it makes possible to show some phenomena of human being and human relations that remains invisible on the abstract philosophical level. One of these central phenomena is gender, respectively gender relations, and the interconnected mechanisms of oppression and social exclusion. The aim of the article is to reconstruct Sartre's and Beauvoir's antinaturalist conceptions and to compare it in order to articulate their consequences for the gender problematic.

Keywords: Jean-Paul Sartre, Simone de Beauvoir, antinaturalism, gender relations, human being

In einem Interview mit Margaret Simons aus dem Jahr 1985 betont Beauvoir, dass sie in einer Hinsicht immer mit Sartre übereingestimmt und seine diesbezügliche Auffassung übernommen habe: "Wir glaubten nie an eine menschliche Natur." (Simons 1999, 94) Sie sei jedoch noch darüber hinausgegangen, indem sie auf den geschlechtlichen Aspekt dieser Problematik hinwiesen habe: so wie es keine menschliche Natur gebe, so gebe es auch keine "weibliche Natur". (Schwarzer 1999, 58) In ihrem 1949 erschienen Werk *Das andere Geschlecht* unternimmt Beauvoir eine fundamentale Kritik an der patriarchalen Gesellschaft, welche Frauen aufgrund ihrer Natur zur Anderen gemacht und in die Sphäre der Immanenz hineingedrängt hat, während den Männern allein Transzendenz und Freiheit vorbehalten blieb. Bei Sartre hingegen finden wir kaum explizite Auseinandersetzungen mit Unterdrückungs- und Ausschlussmechanismen gegenüber Frauen. Was rechtfertigt daher dazu, auch bei Sartre von einer Kritik am Geschlechterverhältnis der Moderne zu sprechen?

Jean-Paul Sartre als kritischen Denker

Eines von Sartres Lieblingsthemen, bis hin in sein Spätwerk, ist die Kritik an der bürgerlichen Gesellschaft, ausgehend von der Tatsache, dass sich eine partikuläre Klasse, nämlich die bürgerliche, als die universelle setzt. Seine Kritik gegenüber den von ihm als formal angesehenen Menschenrechten rührt daher, dass Freiheit und Gleichheit als Privileg und Machtinstrument der nunmehr gegenüber dem Adel zur Herrschaft gekommenen bürgerlichen Klasse gegen das Proletariat eingesetzt wurde. In seiner Flaubertstudie führt Sartre einen der Gründe für die objektive Neurose der Gesellschaft in der zweiten Hälfte des 19. Jahrhunderts auf den Legitimationsnotstand des Bürgertums nach den Junimassakern von 1848 zurück. In diesen habe sich offenbart, dass der Universalitätsanspruch Bürgertums nichts anderes als der Herrschaftsanspruch einer partikulären Klasse ist, die ihre Herrschaft auf der Unterdrückung des Proletariats gründet. Axel Honneth sieht schon in Sartres früheren Essays, die er zur antikolonialistischen Bewegung der "négritude" verfasst hatte, die Thematisierung eines quasineurotischen Verhaltensschemas: "während die Kolonisatoren die Selbstverachtung, die sie gegenüber sich selbst empfinden, weil sie die Eingeborenen systematisch entwürdigen, nur durch Zynismus oder gesteigerte Aggression verarbeiten können, vermögen die Kolonialisierten die 'täglichen Beleidigungen' allein durch die Spaltung ihres Verhaltens in die beiden Teile einer rituellen Überschreitung und einer habituellen Überanpassung zu ertragen." (Honneth 1992, 251) Um untereinander überhaupt zu irgendeiner Form der sozialen Interaktion in der Lage zu sein, muss der Kolonialherr den Eingeborenen als menschliche Person anerkennen und zugleich missachten, wie dieser den Status eines Menschen verlangen und gleichzeitig verleugnen muss. Bereits hier, so Honneth, ziehe Sartre den Begriff "Neurose" als Bezeichnung derjenigen Art von sozialer Beziehung heran, die aus einer wechselseitigen Dementierung von gleichzeitig erhobenen Anerkennungsansprüchen resultiere.

Interessant hinsichtlich unserer Fragestellung ist, dass die Geschlechterproblematik sowohl bei Sartre, als auch bei Honneth in einer auffälligen Art und Weise fehlt. Sartre zeigt zwar den schon von Marx als Hauptwiderspruch der Moderne angesehenen Ausschluss des Proletariats auf, geht jedoch nicht auf den von Marx festgestellten "Nebenwiderspruch" ein, der in der Unterdrückung der Frauen besteht. Honneth begründet die völlige Absenz der Geschlechterproblematik in seinem Buch *Kampf um Anerkennung* damit, dass dies seinen Argumentationsrahmen gesprengt und zudem noch seinen "gegenwärtigen Kenntnisstand erheblich überstiegen" (ebd., 9) hätte. Elf Jahre später, nämlich 2003, war er dann doch so weit: in *Umverteilung oder Anerkennung?* erweiterte er sein Blickfeld durch die Diskussion mit Nancy Fraser nunmehr auch auf das Geschlechterverhältnis (Fraser/Honneth 2003). Bei Sartre hingegen können wir nicht von einer solchen ursprünglichen

Blindheit gegenüber der Geschlechterproblematik sprechen. Ja ganz im Gegenteil: wenn wir Beauvoirs Selbstzeugnissen in ihren Tagebüchern Glauben schenken dürfen, dann war es Sartre, der ihr in diversen Gesprächen zu allererst die Augen hinsichtlich des Geschlechterverhältnisses geöffnet hatte: "Dass ich eine Frau bin, hat mich in keiner Weise behindert. 'Für mich', sagte ich zu Sartre, 'hat das sozusagen keine Rolle gespielt.' – 'Trotzdem sind Sie nicht so erzogen worden wie ein Junge: Das muss man genauer untersuchen.' Ich untersuchte es genauer", schreibt Beauvoir in ihrer Autobiographie der *Lauf der Dinge*, "und machte eine Entdeckung: Diese Welt ist eine Männerwelt, meine Jugend wurde mit Mythen gespeist, die von Männern erfunden worden waren, und ich hatte keineswegs so darauf reagiert, als wenn ich ein Junge gewesen wäre. Mein Interesse war so groß, dass ich den Plan einer persönlichen Beichte fallen ließ, um mich mit der Lage der Frau im Allgemeinen zu befassen." (Beauvoir 1966, 97) Statt wie ursprünglich geplant, ein Buch über sich zu schreiben, widmete sich Beauvoir im Alter von 39 Jahren erstmals der Frage, was es denn überhaupt bedeutet, eine Frau zu sein.

Das Geschlechterverhältnis in der Moderne

Während im 18. Jahrhundert Frauen in manchen Ländern Europas als gleichwertig angesehen wurden, – wir wissen z.B. dass bei Kant auch Frauen studiert haben, – wurden die Frauen trotz ihrer aktiven Teilnahme an der Französischen Revolution danach wesentlich schlechter gestellt als Jahrzehnte zuvor. Der Frau wurde eine ganz bestimmte Natur zugeschrieben, wodurch sie – im Gegensatz zum Mann, dessen Wesen mit der allgemeinen Bestimmung des Menschen weiterhin zusammenfiel – nunmehr fast ausschließlich über ihr Geschlecht und dessen Aufgabe zur Erhaltung der Gattung definiert wurde. Ein paradigmatisches Beispiel in dieser Hinsicht ist Hegel, der im §166 der *Grundlinien der Philosophie des Rechts* behauptet:

> Frauen können wohl gebildet sein, aber für die höheren Wissenschaften, die Philosophie und für gewisse Produktionen der Kunst, die ein Allgemeines erfordern, sind sie nicht gemacht. (Hegel 1970)

Das Ansetzen am biologischen Geschlecht als ontologische Kategorie, wie dies bei Hegel der Fall ist, wurde in den bürgerlichen Philosophien der Moderne – welche Freiheit und Gleichheit aller Menschen postulierten – notwendig, um den Ausschluss der Frauen legitimieren zu können. Damit entwickelte die bürgerliche Gesellschaft ein Geschlechtermodell, mit dem sie sich von vornherein in einen tiefen Widerspruch verstrickte: während der Mann in der bürgerlichen Gesellschaft – in Abgrenzung zum Geburtsrecht des Adels – sich erst "zu machen", d.h. durch Selbstbehauptung und persönliche Leistung seinen Platz und seine

Anerkennung in der Welt zu erringen hatte, wurde der Frau aufgrund ihrer Natur diese Möglichkeit genommen. Als Personen, so wird argumentiert, seien zwar alle Menschen gleich, betrachte man jedoch den konkreten Menschen, der zum Beispiel über mehr oder weniger Besitz verfüge oder von Natur aus anders ausgestattet sei, wie eben die Frau, dann bewege man sich auf der Ebene der Besonderheit und diese sei eben die der Ungleichheit – ein Versuch der Legitimation des politischen Ausschluss von Arbeitern und Frauen im gesamten 19. Jahrhundert und auch noch darüber hinaus (ebd., §49).[1]

Sartres Existentialismus als Antinaturalismus

Sartres Existentialismus radikalisiert die Konzepte der Moderne, indem die Existenz, das Subjekt und die Freiheit vom Begriff des Menschen als menschlicher Natur entkoppelt und als bewegliche ontologische Grundstruktur jedes einzelnen Menschen angesehen wird: jeder Mensch ist eine historisch-werdende und bis ans Lebensende nie endgültig bestimmte Transzendenz und Freiheit. Der Mensch ist nicht das was er "ist", sondern das, was er aus sich macht. "Der Mensch, wie ihn der Existentialist sieht", schreibt Sartre in *Der Existentialismus ist ein Humanismus*, "ist nicht definierbar, weil er zunächst nicht ist. Er wird erst dann, und er wird so sein, wie er sich geschaffen haben wird. Folglich gibt es keine menschliche Natur, da es keinen Gott gibt, sie zu ersinnen." (Sartre 1994, 120; vgl. Raynova 2002) Sartre versteht die philosophisch-theologische Tradition dahingehend, dass sie von einem Schöpfer-Gott ausgeht, der – vergleichbar einem Handwerker, der einen Gegenstand gemäß dem Begriff den er im Kopf hat hergestellt – im Geiste schon den Begriff des Menschen enthält, den er später konkret erschafft. Wenn der Handwerker einen bestimmten Gegenstand herstellt, lässt er sich von einem Begriff, man könnte auch sagen von einem Zweck leiten, um nach einem bestimmten Herstellungsverfahren, das auch ein Teil des Begriffs ist, diesen zu produzieren. Die Essenz dieses Gegenstands geht dabei der Existenz voraus, der Begriff ist bereits vorhanden, bevor der konkrete Gegenstand existiert. Wir haben es hier, betont Sartre, mit einer technischen Betrachtung der Welt zu tun, bei der die Produktion der Existenz vorausgeht. Analog dazu schaffe auch Gott den Menschen entsprechend einem Begriff; der individuelle Mensch sei dann nur die Verwirklichung eines bestimmten Begriffs, der im göttlichen Verstand enthalten sei. Im 18. Jahrhundert werde innerhalb des philosophischen Atheismus zwar die Vorstellung Gottes beseitigt, der Gedanke, dass das Wesen der Existenz vorausgehe, aber beibehalten. Ob bei Diderot, Voltaire

---

[1] Bei Immanuel Kant wird die Herrschaft des Mannes über die Frau – trotz grundsätzlicher Freiheit und Gleichheit beider – von der natürlichen Überlegenheit der Mannes über die Frau und den verschiedenen Zwecken, die sie zu erfüllen haben, abgeleitet (Kant, 1993, §26; Siehe dazu auch: Moser, 2001).

oder auch bei Kant: "Der Mensch", so Sartre, "ist Besitzer einer menschlichen Natur; diese menschliche Natur, die den Begriff vom Menschen ausmacht, findet sich bei allen Menschen wieder." (Sartre 1994, 120) Der Antinaturalismus von Sartre besteht darin, nicht mehr von diesem Konzept der menschlichen Natur auszugehen. Der Mensch ist vielmehr dazu verurteilt, sich selber zu gestalten und zu schaffen:

> Der Mensch ist in jedem Augenblick, ohne Halt und Hilfe, dazu verurteilt, den Menschen zu erfinden. (ebd., 125)

Beauvoirs Kritik am Geschlechterverhältnis in der Moderne

Was bedeutet nun der Sartresche Antinaturalismus für das Geschlechterverhältnis? Es würde bedeuten, dass es – so wenig wie es eine Natur des Menschen gibt – auch keine Natur der Frau gibt. Alle Zuschreibungen aufgrund einer wie immer gearteten Natur der Frau, werden dadurch hinfällig.[2]

Im *Anderen Geschlecht* vertritt Beauvoir die These, dass die Weiblichkeit weder Wesen noch Natur ist, sondern eine auf Grund gewisser physiologischer Gegebenheiten von der Gesellschaft geschaffene Situation. (Beauvoir 1995, 311)

> Keine biologische, psychische oder ökonomische Bestimmung legt die Gestalt fest, die der weibliche Mensch in der Gesellschaft annimmt. Die gesamte Zivilisation bringt dieses als weiblich qualifizierte Zwischenprodukt zwischen dem Mann und dem Kastraten hervor. Nur die Vermittlung anderer kann ein Individuum zum *Anderen* machen. Solange das Kind für sich existiert, vermag es sich nicht als geschlechtlich differenziertes Wesen zu begreifen. (Beauvoir 1992, 334)

Beauvoir stellt also ihre Überlegungen in einen größeren gesellschaftlichen und historischen Horizont und – und in ständiger Auseinandersetzung mit Sartre – betont sie die Bedeutung der Situation für das Freiheitsverständnis. In ihrem Tagebuch *In den besten Jahren* beschreibt sie die Diskussionen, die sie mit Sartre schon während der Zeit seines Fronturlaubes über dessen Entwurf zum *Das Sein und das Nichts* führte:

> An den folgenden Tagen diskutierten wir Teilprobleme, vor allem das Verhältnis zwischen Situation und Freiheit. Ich hielt dafür, dass hinsichtlich der Freiheit, wie Sartre sie definierte – nicht stoische Resignation, sondern aktives Überwinden des Gegebe-

---

[2] Beauvoir geht es nicht nur darum, den Frauen die gleichen Rechte wie den Männern zu zugestehen – wie dies ja bereits das Anliegen der ersten Frauenbewegung war – sondern vielmehr darum, den Mythos der Weiblichkeit, der den Frauen eine ganz bestimmte Natur zuordnen will, zu dekonstruieren. Beauvoir darf daher nicht in die Schublade einer Gleichheitsfeministin gesteckt werden, sondern nimmt die weiteren Phasen der feministischen Theoriebildung bereits vorweg (siehe Moser 2002; vgl. Raynova 1999).

nen –, die Situationen nicht gleichwertig sind. Welche Möglichkeiten zur Überwindung hat die Frau, die in einen Harem eingesperrt ist? Sogar diese Abgeschlossenheit könne man auf verschiedene Weise erleben, sagte Sartre. Ich blieb hartnäckig und gab nur halben Herzens nach." (Beauvoir 1995, 373)

Rückblickend fasst Sartre seine eigene Entwicklung seit *Das Sein und das Nichts* in einem Interview aus dem Jahr 1970 in einer einzigen Formel zusammen: "Das Leben hat mich die Macht der Dinge gelernt." (Sartre 1972, 99) Es komme ihm nun nahezu skandalös und unglaublich vor, dass er Sätze wie: "Egal wie auch immer die Umstände sein mögen, man immer frei wäre zu wählen, ein Verräter zu sein oder nicht" (ebd., 100) geschrieben habe. Dieser Heroismus der Resistance sei später der Erkenntnis gewichen, dass es ausweglose Situationen gebe. In diesem Sinne kann es Menschen geben, die gänzlich durch die Situation konditioniert werden. Dennoch, betont Sartre, glaube er nach wie vor daran, dass der Mensch immer noch etwas aus dem machen könne, was man aus ihm gemacht habe. Es komme auf die kleine Bewegung an, die aus einem sozial total konditionierten Wesen eben eine Person mache, die nicht die Totalität ihrer Konditionierungen übernimmt. (ebd., 101)

Beauvoir stellt im *Anderen Geschlecht* – ganz im Sinne des existentialistischen Antinaturalismus – das Frausein selbst in Frage. Es ist nicht so, dass man schon als Frau zur Welt kommt, man wird es erst: Zum Einen, indem man selber dazu beiträgt, bestimmten Rollenerwartungen zu entsprechen und zum Anderen, indem man durch die Situation dazu gezwungener Maßen zur Frau gemacht wird. Die Existenz, das Aus-sich-etwas-machen, geht der Essenz, dem Ergebnis voraus. Weitaus stärker als Sartre betont Beauvoir die soziale Situation, welche dieses Zur-Frau-gemacht-werden bestimmt.

Beauvoir orientiert sich darüber hinaus aber sehr wohl an einem universellen Begriff des Menschen und an einer menschlichen Natur.[3] Diese zieht sie heran, um ihre Kritik am Geschlechterverhältnis der Moderne aufzuzeigen.[4]

---

[3] Betrachtet man das Spätwerk von Beauvoir, dann fällt auf, dass sich das von ihr vertretene Menschenbild ändert: von einer stark handlungs- und leistungsorientierten Sichtweise in *Das andere Geschlecht*, wo sie die Frauen auffordert, sich durch ihre Projekte konkret als Subjekte zu setzen, hin zu einer Betonung der menschlichen Würde unabhängig von einer bestimmten Leistung in ihrem Spätwerk *Das Alter*. Es geht ihr darum, dass Menschen auch im Alter noch Menschen bleibt, dass das „entmenschlichten Alter" (Beauvoir 1997, 9), das sie Ende der 1960er Jahre in Frankreich vorfindet, verschwindet. Menschenwürdig ist eine Situation für Beauvoir dann, wenn der Mensch auch im Alter Mensch bleiben kann, „ohne eine Herabwürdigung erfahren zu haben" (Beauvoir 1997, 467) Dafür wäre laut Beauvoir jedoch eine radikale Umwälzung der Gesellschaft notwendig, in der es keine Ausbeutung mehr gibt und die Gesellschaft nicht atomisiert wäre.
[4] In meinem Buch *Freiheit und Anerkennung bei Simone de Beauvoir* vertrete ich die These, dass Beauvoirs Konzept der Frau als der „absolut Anderen" die speziellen Mechanismen des Ausschlusses in der Moderne aufzeigt, während Beauvoir den Versuch unternimmt, allgemein gültige Unterdrückungsmechanismen gegenüber Frauen aller Kulturen und aller Zeiten aufzuzeigen. (Moser 2002, 14)

> Der Vorteil, den der Mann besitzt, und der für ihn von Kindheit an spürbar ist, besteht darin, dass seine Berufung als Mensch keinen Widerspruch zu seiner Bestimmung als Mann darstellt. Durch die Gleichsetzung von Phallus und Transzendenz ergibt es sich, dass seine sozialen oder geistigen Erfolge ihm ein männliches Prestige verleihen. Er ist nicht gespalten. Von der Frau dagegen wird verlangt, dass sie sich, um ihre Weiblichkeit zu erfüllen, zum Objekt und zur Beute macht, das heißt, auf ihre Ansprüche als souveränes Subjekt verzichtet. (Beauvoir 1992, 844)

Die Bestimmung des Menschen als Freiheit und Transzendenz gelte nur für Männer. Dieser Konflikt, so Beauvoir, bestehe auch dann noch fort, wenn die Frau sich befreit habe, ja mehr noch, er charakterisiere in besonderer Weise die Situation der befreiten Frau. Sie muss jetzt nämlich zur Kenntnis nehmen, dass die Wahl ihrer selbst als autonome Aktivität mit ihrer Weiblichkeit in Konflikt gerät: "Die unabhängige Frau – und vor allem die Intellektuelle, die ihre Situation denkt – leidet in ihrer Eigenschaft als Frau unter einem Minderwertigkeitskomplex." (ebd., 847)

Karen Vintges sieht hierin eine Parallele von Beauvoirs Werk und ihrem persönlichen Leben: beide hätten sich um das Problem der relativen Identität von Frauen gedreht. Der Versuch der Lösung dieses Problems habe Beauvoirs Philosophieren zu einer Passion werden lassen, schreibt sie in ihrem Buch *Philosophy as Passion: The Thinking of Simone de Beauvoir*. (Vintges 1996, 177) Für Beauvoir sei es wesentlich gewesen, als Frau angenommen zu werden. Allein ihre lebenslange Beziehung zu Sartre habe garantieren können, dass sie den Status als Frau trotz ihrer Intellektualität nicht verloren habe. Beauvoir habe es nicht gewagt, ihr Werk als ein philosophisches zu positionieren, da sie annahm, dass die Identität als Philosophin ihre Identität als Frau gefährden würde. (ebd., 175) Vintges steht hier stellvertretend für eine Anzahl von Beauvoirforscherinnen, die verzweifelt eine Erklärung dafür suchen, warum Beauvoir Sartre das Feld der Philosophie gänzlich überlassen und sich bloß als seine Schülerin verstanden habe. Beauvoirs diesbezügliche Selbstinszenierung war wohl auch einer der Gründe warum *Das andere Geschlecht* von Anfang an nicht als ein philosophisches Werk eingestuft, sondern der Soziologie zugeordnet wurde. Dies entspricht, unter anderem, auch der bisweilen noch heute vertretenen Ansicht, dass die Ebene der Geschlechtlichkeit kein genuin philosophisches Terrain konstituieren könne.

Feministische Kritik an Sartres Existentialismus

Im Zuge der seit den 1970iger Jahren einsetzenden akademischen feministischen Forschung, insbesondere der neu entstandenen feministischen Philosophie, wurde die volle Dimension der philosophischen Begrifflichkeit, die den Geschlechterasymmetrien zugrunde liegt, sichtbar. Dabei zeigte sich, das durchaus ambivalente Verhältnis der feministischen

Forschung zu Sartre. Sartre hatte es dieser ja auch nicht gerade leicht gemacht. Sein Versuch in *Das Sein und Nichts* eine existentielle Psychoanalyse zu entwerfen, hatte ihn zu Aussagen hinreißen lassen, die sein gesamtes Werk zunächst als sexistisch erscheinen ließen. Ausdrücke wie: "Das Klebrige ist die Rache des An-sich. Eine süßliche, weibliche Rache" (Sartre 1991, 1041-1042) oder "die Obszönität des weiblichen Geschlechtsorganes ist die alles *Klaffenden*: es ist ein *Ruf nach Sein* wie überhaupt alle Löcher" (ebd., 1049) hatte bereits 1962 die Kritik William Barretts nach sich gezogen. In seinem Buch *Irrational Man. A Study in Existential Philosophy* zeigte er, dass das An-sich-sein und das Für-sich-sein mit traditionellen Geschlechterrollen behaftet sei: das An-sich-sein, verstanden als Immanenz werde als weiblich gedeutet, während das Für-sich-sein als männliches Projekt der individuellen Wahl sich von der Natur, die ihm als Bedrohung seiner Freiheit erscheine, losreißen wolle (Barrett 1962, 254-255). Wie, so wird man sich jetzt fragen, kann man bei Sartres Philosophie dann überhaupt von einem Antinaturalismus hinsichtlich des Geschlechterverhältnis sprechen und inwieweit ist Sartres Werk für die feministische Philosophie dann insgesamt verwertbar?

Hazel Barnes, die amerikanische Übersetzerin von *Das Sein und das Nichts,* war eine der ersten, die in den 1990iger Jahren den Versuch einer Rehabilitierung innerhalb des feministischen Diskurses wagte: es seien seine Bilder in der existentiellen Psychoanalyse die sexistisch seien, nicht jedoch seine Ideen (Barnes 1990). In zunehmendem Ausmaß wurden Parallelen gesehen zwischen Sartres Ansätzen und denjenigen der feministischen Theorie (siehe Murphy 1999; Raynova 2010). Die Betonung der individuellen Erfahrung, der grundsätzlichen Situiertheit des Menschen, sowie der unhintergehbaren Körperlichkeit stellen Eckpfeiler sowohl einer Philosophie des Geschlechterverhältnisses als auch derjenigen Sartres dar.

Sartres Beitrag könnte darin gesehen werden, dass er die bis dahin in der Philosophie vernachlässigte und als irrelevant angesehene Geschlechtlichkeit explizit thematisiert hat. Im Gegensatz zu den Hauptvertretern der phänomenologischen und existenzphilosophischen Tradition, in der Sartres Denken sich bewegte, namentlich Edmund Husserl, Martin Heidegger und Gabriel Marcel, welche die Geschlechtlichkeit des Menschen vollkommen ausblendeten, bezog Sartre die Sexualität in *Das Sein und das Nichts* im Rahmen der Begierde als fundamentale Struktur des Für-Andere-seins ontologisch mit ein. (Sartre 1991, 670) "Damit es mein Fleisch und das Fleisch des anderen gibt, muss das Bewusstsein vorher in die Gussform der Begierde fließen. Die Begierde ist ein ursprünglicher Modus der Beziehungen zum Anderen, der den andern als begehrenswertes Fleisch auf dem Hintergrund einer Welt der Begierde konstituiert." (ebd., 687) In der "sexuellen Haltung" sieht Sartre ein "ursprüngliches Verhalten gegenüber Anderen" (ebd., 709), wobei er bei der Sexualität von einem Skelett spricht, das zumeist jedoch hinter den Strukturen des ursprünglichen Entwurfs verborgen bleibt. (ebd., 710) Dies bedeute jedoch nicht, "dass die verschiedenen Haltungen des Menschen bloß der Sexualität entlehnte Verkleidungen sind, sondern dass die Sexualität sich als ihre Grundlage in sie integriert und dass sie sie einschließen und überschreiten wie der Kreisbegriff den des Segments einschließt und überschreitet, das sich um einen seiner Endpunkte, der fest bleibt, dreht." (ebd.) In *Saint Genet, Komödiant und Märtyrer* bezieht Sartre dann verstärkt die sozialen Faktoren mit ein, die bei der Formierung der Geschlechtlichkeit eine Rolle spielen. Er zeigt, wie Genet durch die gesellschaftlichen Machtverhältnisse in seiner Sexualität festgelegt und als Päderast ein für allemal gebrandmarkt und in die Passivität gedrängt wurde (Sartre 1986, 177ff).

Ist die Sexualität ein notwendiges Merkmal der Existenz?

Beauvoir distanziert sich im *Anderen Geschlecht* von der Behauptung Sartres, dass die Sexualität "koextensiv mit der Existenz" sei. (Beauvoir 1992, 63) Für Beauvoir ist die Sexualität, so wie wir sie jetzt leben nicht notwendig mit der menschlichen Existenz und mit der Fortpflanzung verbunden. In der Natur gibt es verschiedene Arten der Fortpflanzung: durch Zellteilung, durch Selbstbefruchtung; auch gebe es verschiedene Formen von Hermaphrodismus. Beim Menschen, so Beauvoir, werden die Geschlechter und die Beziehung zueinander dadurch bestimmt, dass sie sexuell aktiv sind, "aber diese Aktivität ist nicht notwendigerweise in der Natur des Menschen enthalten." (ebd., 31) Auch wenn das In-der-Welt-sein unwiderlegbar das Vorhandensein eines Körpers bedinge, so sei es doch nicht erforderlich, dass der Körper diese oder jene besondere Struktur habe. Ein Bewusstsein ohne Körper, ein unsterblicher Mensch seien absolut undenkbar, eine unsterbliche oder körperlose Existenz wäre nicht mehr das, was wir einen Menschen nennen. Hingegen wäre eine Gesellschaft, die sich durch Parthenogenese fortpflanzt oder aus Hermaphroditen besteht, vorstellbar. Während die Erhaltung der Art als ontologisch begründbar angesehen werden könne, dürfe, so Beauvoir, jedoch die notwendige Differenzierung der Geschlechter daraus nicht abgeleitet werden. Von der Notwendigkeit der Fortpflanzung der Gattung dürfe nicht darauf rückgeschlossen werden, dass die Menschheit aus zwei Geschlechtern zusammengesetzt sei. Die Fortpflanzung könne eines Tages auch anders erfolgen. (ebd.)

Beauvoir nimmt also die Möglichkeit einer Gesellschaft an, die nicht mehr nach Geschlechtern differenziert. Aufgrund neuer Reproduktionstechnologien wäre es denkbar, dass die Gesellschaft nicht mehr nach Geschlechtern unterscheidet, weil dies für die Fortpflanzung und den Bestand der Menschheit nicht mehr erforderlich wäre. Die Gesellschaft hätte es dann nicht mehr nötig, an der Heterosexualität und an der Paarbildung

Mann-Frau festzuhalten, um die Reproduktion zu garantieren. Zudem wäre es denkbar, dass auch die Körper selbst eine Veränderung erfahren würden, wodurch keine eindeutige Geschlechtszuschreibung mehr möglich wäre. Natürliche Verhältnisse scheinen zwar jeder Veränderung zu trotzen, in Wirklichkeit jedoch "ist die Natur ebensowenig eine unwandelbare Gegebenheit wie die historische Realität." (Beauvoir 1992, 15)

Beauvoir spricht damit weit über ihre Zeit hinaus Themen an, die heute von Relevanz sind, Neue Reproduktionstechnologien ermöglichen es Sexualität und Fortpflanzung voneinander zu trennen. Beim Phänomen der Transsexualität zeigt sich, dass das Geschlecht auch mit der Selbstwahrnehmung, wie man sich selbst empfindet und wählt, zusammenhängt. Beauvoir spricht explizit davon, dass die Frau nur in dem Maße weiblich ist, "wie sie sich als solche empfindet. (…) Nicht die Natur definiert die Frau: sie definiert sich selbst, indem sie die Natur in ihr Gefühlsleben einbezieht." (Beauvoir 1992, 62)

Wo liegen nun die Grenzen der Wahl? Kann ich mich als Mann oder als Frau wählen? Wie weit wird meine Selbstwahrnehmung und die damit zusammenhängende Wahl durch die Situation bestimmt oder zunichte gemacht? Wie weit kann mein individueller Entwurf die Situation überschreiten? Darf ich meinen Frauenkörper verwerfen und ihn dann als männlich wählen, was mit Hilfe der heutigen Medizin sehr wohl möglich ist? Oder ist es vielleicht gar nicht mehr notwendig, diesen chirurgischen Schritt zu setzen? Könnte ich mein Sein als Mann wählen und trotzdem meinen weiblichen Körper behalten? Beauvoir ist an diesen Fragen sowie am Aspekt einer geschlechtslosen Gesellschaft nur sehr am Rande interessiert, aber sie bringt diese ins Spiel, um die Komplexität der gesamten Fragestellung zu betonen.

Sartres Konzept der Serialität und der *groupe en fusion*

Die radikale Antinaturalismus- und Antiessentialismusdebatte im Umfeld von Dekonstruktivismus und Postmoderne hat dazu geführt, das Subjekt des Feminismus, das Frausein, selbst zu hinterfragen. Nicht nur wurden Zweifel geäussert, dass es so etwas wie eine homogene Kategorie Frau gibt, in der sich alle Frauen, wiederfinden könnten, es wurde auch die Gefahr aufgezeigt, dass vorgegebene fixe Identitäten, wie diejenigen des Frauseins, dazu führen könnten, bestehende Machtverhältnisse zu reproduzieren und zu verfestigen. Wofür sollten Frauen dann aber noch kämpfen, wenn es – extrem formuliert – gar keine Frauen mehr gibt?

Sartres Konzept der Serialität hat in diesem Zusammenhang die Aufmerksamkeit feministischer Forschung in den 1990er Jahren auf sich gezogen. Sein Konzept der Serialität aus der *Kritik der dialektischen Vernunft*, könnte, so Iris Young, einen Ausweg aus diesem Dilemma bieten, denn die Serialität basiere bei Sartre nicht auf der Identität von Personen, sondern auf der Tatsache, dass ihre Aktivitäten um dieselben Objekte herum aufgebaut sind, wie zum Beispiel die Menschenmenge, die auf einen Bus wartet, oder Radio hört. Auch wenn die Serie "Frauen" nicht so einfach dimensioniert sei wie diese Beispiele, so sieht Young dennoch Frauen als Individuen an, die um ganz bestimmte Aktivitäten, Strukturen und Objekte herum positioniert sind. (Young 1999, 200-228) Zu diesen gehören nicht nur alle Körperpraktiken, sondern auch sämtliche Anordnungen des öffentlichen Raumes, bis hin zur Organisation der Arbeit. Heterosexualität und Arbeitsteilung nach Geschlechtern prägen diese historisch gewachsenen und institutionalisierten Strukturen und bestimmen nicht nur den Handlungsspielraum der Individuen, sondern positionieren diese zugleich als Frauen und Männer. Für die Frauenpolitik könnte dies den Vorteil bringen, dass das Frausein nicht mehr als Wesen, bzw. einheitliche Substanz, welcher spezifische Attribute inherent sind, sondern als eine Serie von Frauen, die nur zufälligerweise miteinander verbunden sind aufgrund einer gemeinsamen Praxis und nicht durch ein gemeinsam gesetztes und dauerhaftes Projekt. Auf dem Hintergrund dieser gemeinsamen Serialität erwachse jederzeit die Möglichkeit einer festeren Gruppenbildung, wenn es darum gehe politische Forderungen durchzusetzen, ohne jedoch der prinzipiellen Offenheit der Serie zu verlieren.

Auffällig ist, dass im feministischen Kontext, die Offenheit der Serie und die Möglichkeit, von einer festen Gruppe wiederum in die Serialität zu wechseln als etwas Positives gesehen wird, während bei Sartre der Übergang von der Serialität zur Gruppe "als Sieg des Menschen" durch das Sichselbstsetzen als gemeinsame Freiheit gefeiert wird. Es scheint sich hier etwas zu zeigen, das die gesamte Geschlechterproblematik durchzieht: die männliche Erfahrung der militärischen Disziplinierung und des gemeinsamen Kampfes auf Leben und Tod einerseits, und die weibliche Erfahrung alltäglichen zwischenmenschlichen Umgangs miteinander, verbunden mit der Fähigkeit Leben hervorzubringen, andererseits.

Betrachten wir Sartres Spätwerk, insbesondere die *Kritik der Dialektischen Vernunft,* dann fällt auf, dass – abgesehen von Einzelbeispielen wie der schwangeren Arbeiterin, die den Verstrickungen innerhalb ihre Klasse nicht entkommen kann und ihr Kind abtreiben muss (Sartre 1967, 250) – die Frauen im ersten Band der *Kritik der dialektischen Vernunft* kaum vorkommen. Sartres berühmtes Beispiel für eine gelungene wechselseitige Form der Anerkennung beschreibt eine revolutionäre Praxis: den Sturm auf die Bastille. In der ablaufenden Schlacht, so Sartre, haben wir eine absolute Wechselseitigkeit zwischen der Gruppe und dem Individuum, insofern jedem als Einzelnen als freier Totalität ermöglicht wird, sich im gemeinsamen Ziel zu verwirklichen. (ebd., 422) Die Totalisierung der Gruppe geschieht durch Blut und Schweiß, sie objektiviert sich durch die Vernichtung und das Niederschmettern der Feinde. (ebd., 438) Nach ihrem Sieg sieht sich jedoch die Gruppe der Gefahr der Auflösung ausgesetzt: anstelle der Gefahr von außen tritt nun der Eid, der die Gruppe weiterhin zusammenhalten soll. In diesem Akt der wechselseitigen Affirmation manifestiert sich nach Sartre die wahre Geburtsstunde der Menschlichkeit:

Das ist der Beginn der Menschlichkeit. (…) wir sind *die Gleichen*, weil wir zum selben Zeitpunkt aus dem Schlamm herausgekommen sind; wir sind also, wenn man will, eine besondere Art, die durch eine plötzliche Mutation in einem bestimmten Moment aufgetaucht ist, aber unserer spezifische Natur vereinigt uns, insofern sie Freiheit ist. Anders gesagt, unser *gemeinsames Wesen* ist nicht in jedem eine *identische Natur*, sondern im Gegenteil, die vermittelte Wechselseitigkeit der Bedingtheiten. (ebd., 464)

Sartre betont, dass wir den Anderen nicht nur als einen notwendigen Komplizen, sondern als Bruder erkennen:

Diese Brüderlichkeit ist nicht, wie man es manchmal unsinnigerweise darstellt, auf die physische Ähnlichkeit gegründet, insofern sie die eigentliche Identität der Naturen ausdrückt. Warum soll denn eine Erbse in einer Konservenbüchse der Bruder einer anderen Erbse derselben Büchse sein? Wir sind Brüder, insofern nach dem schöpferischen Akt des Eides wir *unsere eigenen Söhne* sind, unsere gemeinsame Erfindung. (ebd., 465)

Wo sind nur die Frauen geblieben, wird man sich nach alledem fragen? Sartre lässt jedenfalls keinen Zweifel aufkommen, dass die von ihm beschriebene revolutionäre Praxis der Menschwerdung eine Praxis ist, die von Männern vollzogen wird, von Männer, die den Wunsch hegen, sich selbst, d.h. als ihre eigenen Söhne, unabhängig von Frauen, zu erschaffen. Hazel Barnes weist darauf hin, dass Sartre, statt des männlichen Begriffes *fils* für Sohn, auch das neutrale Wort *enfants* (Kinder) verwenden hätte können. Sartre scheint es aber gerade darum zu gehen, das männliche Feld gegenüber dem weiblichen abzustecken und zwar über die militärischen und kriegerischen Vorgangsweisen, in denen Männer sich zu Bünden über Eidesleistungen zu wechselseitiger Hilfs- und Beistandsleistung verpflichten. Im Unterschied zum mittelalterlichen Lehenseid wird der Eid jedoch unter Gleichen, d.h. unter Brüdern abgeschlossen:

Da jeder Eid durch den Eid aller bedingt ist, da es letztlich der Eid aller ist, der in jedem die Freiheit des gemeinsamen Individuums *in seinem Inert-sein* begründet, ist die Anerkennung gleichzeitig in jedem Anerkennung seiner Freiheit durch die Freiheit des anderen und Affirmation der *Zugehörigkeit zur Gruppe*. (ebd., 463)

Eine Gruppe *ist nicht:* sie totalisiert sich unaufhörlich und verschwindet durch Auseinanderbrechen (Zerstreuung) oder durch Verknöcherung (Trägheit). (ebd., 433)

Gerade deshalb ist der Eid notwendig, um zu verhindern, dass es zu einem Rückfall in die Serialität kommt, in der jeder für den Anderen nur noch ein Anderer ist.

Nicht zuletzt aufgrund des von Sartre gewählten Beispiels des Sturmes auf die Bastille und seiner wiederholten Betonung dessen, dass wir es hier mit etwas ganz Neuem zu tun haben, scheint er die Entstehung der neuen souveränen Nationen im Blick zu haben. Er habe, so schreibt er, den Fall des 14. Juli 1789 gewählt, weil es sich hier tatsächlich um eine neue Gruppenbildung handelt, die eine gewohnte Serialität in der Homogenität einer fusionierenden Stadt auflöst. Dieser Gruppentyp bringe sich selbst als seine eigene Idee hervor: sie ist die *souveräne Nation*. Sartres Beschreibung der Entstehungsbedingungen moderner Nationalstaaten zeigt sehr gut, dass es in den modernen Demokratien zunächst einmal um die Etablierung einer Herrschaft von Brüdern ging.[5] Bis zur bürgerlichen Revolution wurde Herrschaft nicht explizit über das Geschlecht definiert: adelige Frauen konnten sehr wohl die Herrschaft über Männer innehaben. Der verweichlichten und verweiblichten Welt des Adels, die den Frauen allzu viel Macht und Einfluss zukommen ließ, wurde nun die bürgerliche Welt des männlichen Kampfes auf dem Weg zur Beherrschung nicht nur der Natur, sondern der ganzen Welt durch Arbeit und Technik gegenübergestellt. Diese Herrschaft, zumindest dem Postulat nach, wurde auf alle Männer ausgedehnt und richtete sich nicht mehr gegen andere Männer, sondern gegen alle Frauen und gegen die Natur, die nunmehr als etwas explizit Weibliches angesehen wurde. Das Subjekt der Herrschaft wird in der Moderne zu einem männlichen Subjekt, das die Frau als die absolut Andere konstituiert und damit ausschließt.[6]

Sartres Beispiel einer revolutionären Gruppe, in der es sich um Männer handelt, die als Brüder zu einer gemeinsamen Erfahrung der Geburtsstunde der Menschlichkeit finden, zeigt, dass er der Geschlechtlichkeit des Menschen eine fundamentale Rolle zuschreibt. In einem Interview über die Rolle von männlicher Aggression und Gewalt in der Sexualität äußerte sich Sartre 1973 dahingehend, dass es einer ganz anderen Art von Männern bräuchte, als sie heute anzutreffen sind um sagen zu können, dass es kein aggressives Verhalten in der männlichen Sexualität gebe und dass es sich dabei nicht um den Wunsche handle, die Frauen zu vergewaltigen. Es liege an den Frauen und der Frauenbewegung dahingehend zu wirken, dass der Sexualakt nicht mehr als ein Vergewaltigungsakt ausgeführt werde. In

---

[5] Der Mord am Vater durch die Söhne, wie ihn Freud in *Totem und Tabu* darstellt (Freud 1974), kann meines Erachtens nach nicht nur als ein archaisches Drama angesehen werden, das sich in unseren Seelen erhalten hat, vielmehr stellt es eine Realität der Moderne dar, welche die Herrschaft des Vaters, sowohl in Form des Königs als auch in Form des Pater Familias, der uneingeschränkt über seine Söhne herrschte, in eine Herrschaft der Brüder, in der alle Männer gleich sind, umgewandelt hat.
[6] Rada Ivekovic weist in ihrem Bericht über den Bürgerkrieg in Ex-Jugoslawien darauf hin, wie stark die Herstellung einer nationalen Identität mit Ausschlussmechanismen und Gewalt gegenüber Frauen verbunden ist. Je aggressiver der jeweilige Nationalismus sei, desto heroischer und männlicher sei seine Mythologie. Sie vertritt die These, dass trotz des (symbolischen) Todes des Vaters dessen gemeinsames Ursprungsprinzip unter der Herrschaft der Brüder beibehalten worden sei. Alles, was nicht diesen gemeinsamen, "reinen" Ursprung in sich trägt, wird als das Andere abgewehrt und bekämpft. Die Frauen, die nicht so ohne weiteres mit dem genealogisch Anderen (dem Vater) identifiziert werden können, stellen in diesem System aufgrund ihrer Andersheit eine ständige Bedrohung dar.

dem Moment, wo die Frauen die Männer von ihrer Tendenz zur Vergewaltigung befreit hätten, würden sich auch die Frauen ändern: es würde eine andere Art von Frau entstehen.

Führt uns dies zu der Annahme, dass Sartre doch so etwas wie eine "Natur" des Mannes und der Frau annimmt? Sartre scheint allerdings davon auszugehen, dass diese ursprüngliche Natur oder Veranlagung veränderbar ist und dass es Möglichkeiten gibt – durch das Engagement der Frauen – den "neuen Mann" zu schaffen, was zeitgleich jedoch damit verbunden ist, dass auch die Frauen selber nicht mehr die Gleichen bleiben.

Schlussfolgerungen

Der Antinaturalismus von Sartre und Beauvoir wendet sich dagegen, Menschengruppen aufgrund der Zuschreibung einer gewissen "Natur" wesentliche Aspekte des Menschseins oder sogar das Menschsein selber abzusprechen. Da der existentialistische Zugang von der Erfahrung ausgeht und die Praxis als wesentlichen Faktor mit einschließt, wird es möglich Phänomene sichtbar zu machen, die auf einer abstrakten Ebene der Begrifflichkeit verborgen bleiben. Eines dieser Phänomene ist das Geschlechterverhältnis und die mit damit einhergehenden Unterdrückungs- und Ausschlussmechanismen. Beauvoir betont, dass sie – ebenso wie Sartre – nie an eine menschliche Natur geglaubt habe, ja mehr noch, dass es darüber hinaus auch keine "weibliche Natur" gebe. Beauvoir geht soweit die Kategorie Frau selbst und die grundsätzliche Aufteilung der Menschheit in zwei Geschlechter in Frage zu stellen. Auch sieht sie im Gegensatz zu Sartre die Sexualität nicht als einen notwendigen Aspekt der menschlichen Existenz an, da Fortpflanzung nicht unbedingt mit Sexualität verbunden sein muss. Zugleich hält sie aber an einer universellen Natur des Menschen fest, – im Sinne von Freiheit und Autonomie, als einem Maßstab der Beurteilung menschlichen Verhaltens und eines menschenwürdigen Lebens. Sartre hingegen scheint jeglichen Bezug auf eine Natur des Menschen abzulehnen und sieht den Menschen dazu verurteilt, sich ohne Halt und Hilfe eines Maßstabes zu erfinden. Daraus könnte man den Schluss ziehen, dass er auch eine "Natur des Mannes" ablehnt. Betrachtet man aber seine konkreten Beispiele, sei es nun die revolutionäre Menschwerdung der Brüder oder seine Sichtweise der männlichen Sexualität, dann zeigt sich jedoch ein anderes Bild. Diese Natur des Mannes ist jedoch auch bei Sartre nicht als unumstößliches Faktum zu verstehen, sondern als eine Veranlagung, die durch menschliche Anstrengungen – nicht zuletzt durch das Engagement der Frauen – verändert werden kann.

Dr. Susanne Moser, Institut für Axiologische Forschungen, Wien / Universität Wien / Karl Franzens-Universität Graz, susanne.moser[at]univie.ac.at

Literaturangaben

Barnes, Hazel E. "Sartre and Sexism," in: *Philosophy and Literature*, vol. 14, 1990, 340-347.
Barrett, William. *Irrational Man. A Study in Existential Philosophy*. New York: Doubleday, 1962.
Beauvoir, Simone de. *Der Lauf der Dinge*. Reinbek bei Hamburg: Rowohlt 1966.
Beauvoir, Simone de. *Das andere Geschlecht*. Reinbek bei Hamburg: Rowohlt, 1992.
Beauvoir, Simone de. *In den besten Jahren*. Reinbek bei Hamburg: Rowohlt, 1995.
Beauvoir, Simone de. *Das Alter*. Reinbek bei Hamburg: Rowohlt, 1997.
Fraser, Nancy / Honneth, Axel. *Umverteilung oder Anerkennung? Eine politisch-philosophische Kontroverse*. Frankfurt am Main: Suhrkamp, 2003.
Freud, Sigmund. *Totem und Tabu* (*Studienausgabe*, Bd. IX). Frankfurt am Main: Fischer Verlag 1974.
Hegel, Gottfried Wilhelm Friedrich. *Grundlinien der Philosophie des Rechts*, Frankfurt am Main: Suhrkamp, 1970
Honneth, Axel. *Kampf um Anerkennung*. Frankfurt am Main: Suhrkamp, 1992.
Ivecovic, Rada. "Nationalism and War as they affect Women", in: Wiener Philosophinnenclub (Hg.). *Krieg/War. Eine philosophische Auseinandersetzung aus feministischer Sicht*. Wilhelm Fink, München 1997, 117–127.
Kant, Immanuel. *Metaphysik der Sitten*. Frankfurt am Main: Suhrkamp, 1993.
Moser, Susanne. "Kant über die 'natürliche' Unterlegenheit der Frau: eine feministische Kritik", in *Philosophy between Two Centuries*. Institute for Philosophical Research, Bulgarian Academy of Sciences, Sofia 2001, 252 – 258.
Moser, Susanne. *Freiheit und Anerkennung bei Simone de Beauvoir*. Tübingen: Edition Diskord, 2002.
Murphy, Julien S. "Introduction," in idem (ed.), *Feminist Interpretations of Jean-Paul Sartre*. University Park, Pennsylvania: The Pennsylvania State University Press, 1999, 1-21.
Raynova, Yvanka B. "Das andere Geschlecht, eine postmoderne Lektüre", in *L'Homme, Zeitschrift für feministische Geschichtwissenschaft*, Heft 8, 1999, 79-90.
Raynova, Yvanka B. "Jean-Paul Sartre: A Profound Revision of Husserlian Phenomenology," in: Ana-Teresa Tymieniecka (ed.). *Phenomenology World-Wide*. Dordrecht: Springer, 2002, 323-335.
Raynova, Yvanka, B. "L'éthique féministe de la liberté: Sartre lu par Linda Bell", in idem. *Etre et être libre: Deux passions des philosophies phénoménologiques*. Frankfurt am Main: Peter Lang, 2010, 149-160.
Sartre, Jean-Paul. *Kritik der dialektischen Vernunft*. Reinbek bei Hamburg: Rowohlt, 1967.
Sartre, Jean-Paul. "Sartre par Sartre", in *Situations IX*. Paris: Gallimard, 1972, 99-134.
Sartre, Jean-Paul. *Das Sein und das Nichts. Versuch einer phänomenologischen Ontologie*, Reinbeck bei Hamburg: Rowohlt, 1991.
Sartre, Jean-Paul. *Saint Genet, Komödiant und Märtyrer*. Reinbek bei Hamburg: Rowohlt, 1986.
Sartre, Jean-Paul. *Der Existentialismus ist ein Humanismus*. Reinbek bei Hamburg: Rowohlt, 1994.
Schwarzer, Alice. *Simone de Beauvoir. Rebellin und Wegbereiterin*. Köln: Kiepenheuer & Witsch, 1999.
Simons, Margaret A. "Beauvoir Interview," in Margaret A. Simons (ed.), *Beauvoir and the Second Sex. Feminism, Race and the Origins of Existentialism*. Boston: Rowman & Littlefield, 1999, 93-100.
Vintges, Karen. *Philosophy as Passion. The Thinking of Simone de Beauvoir*, Bloomington and Indianapolis: Indiana University Press, 1996.
Young, Iris Marion. "Gender as Seriality. Thinking about Women as a Social Collective," in: Julien S. Murphy (ed.), *Feminist Interpretations of Jean-Paul Sartre*. University Park, Pennsylvania: The Pennsylvania State University Press, 1999, 200-228.

YVANKA B. RAYNOVA (Sofia/Wien)

Die Kritik am transzendentalen Ich:
Zu Sartres und Ricœurs Heidegger-Lektüren

The Critique of the Transcendental Ego:
On Sartre's and Ricoeur's Heidegger Interpretations

Abstract

According Otto Pöggeler Heidegger's main brake with Husserl consists in his rejection of the transcendental constitution conceived as the life of an "absolute Cogito," replaced by Heidegger by the "factual life" from which phenomenology should always begin. The author of this paper argues that the problem about the starting point of phenomenology also appears later in the debates between Heidegger and Sartre, as well as in Ricoeur's Heidegger interpretation. Thus, the aim of the article is to analyze to what extent the positions of Heidegger, Sartre, and Ricoeur contradicts or even exclude each other, and to what extent they cross or eventually complement each other. The inquiry shows that Heidegger's accusation of Sartre's forgetting of the question about the sense of being of Dasein is unjustified. Equally untenable is Sartre's critique of Heidegger, that he had bypassed the Cogito as a starting point of the existential analysis, because Sartre's transcendence of the Cogito, which pretends to involve the transphenomenal Being, cannot be derived from it and risks to fall again in the trap of "phenomenalism," which Sartre reproached to Husserl. Ricoeur's Heidegger interpretation brings clarity to this discussion by pulling together the decentration of the subject and the limits of apodicticity of the Cogito. But his elaboration of the hermeneutics of the Self contains the risk of a hyperbolization of the role of language.

Keywords: Jean-Paul Sartre, Paul Ricoeur, Martin Heidegger, Cogito, Self, Ego, transcendental Subject, Phenomenology

In seinem bekannten Buch *Der Denkweg Martin Heideggers* zeigt Otto Pöggeler, worin der Bruch, bzw. die Trennungslinie zwischen der Husserlschen und der Heideggerschen Phänomenologie besteht: Im Gegensatz zu Husserl lehnt Heidegger den Weg der transzendentalen Konstitution, begriffen als Leben eines "absoluten Ichs", ab und nimmt das "faktische Leben" als Ausgangspunkt der Phänomenologie an. Diese hat also nicht von der Anschauung von Objekten auszugehen, sondern vom Verstehen des tatsächlichen, "historischen" Lebens, bzw. vom seinverstehenden Dasein:

> Heidegger gründet die Phänomenologie im 'Verstehen' des faktischen Lebens, in der Hermeneutik der Faktizität'. Die Phänomenologie wird so zur 'hermeneutischen Phänomenologie'" (...) Dieser "geht es darum, Kunde zu bringen vom Sein des Seienden, aber so, dass das Sein selbst zum Scheinen kommt. (Pöggeler 1963, 70-71)[1]

Pöggeler folgert daraus, dass Husserls Tragik darin liege, "dass er, der für die Sachen selbst und gegen alle metaphysischen Konstruktionen gesprochen hatte, zuletzt noch einmal den Weg der metaphysischen Systeme der Neuzeit wiederholte und das nicht einmal sah..." (ebd., 80).

Wir finden diese Problematik über den Ausgangspunkt der Phänomenologie nicht nur in der Auseinandersetzung zwischen Husserl und Heidegger. Sie steht sowohl im Zentrum der späteren Heidegger-Sartre-Debatte, als auch im Zentrum von Ricœurs Heidegger-Lektüre. Das Ziel des folgenden Beitrages ist es aufzuzeigen, inwieweit sich die Positionen von Heidegger, Sartre und Ricœur widersprechen, bzw. als unvereinbar erweisen, und inwieweit sie sich überkreuzen oder vielleicht sogar ergänzen.

Zum "Vergessen des Seins"

Heideggers Ablehnung der Metaphysik wendet sich nicht nur gegen Descartes, Kant und Husserl, denen er das Vernachlässigen oder gar das Vergessen der Frage nach dem Seinssinn des Daseins, des Subjekts und des transzendentalen Ichs vorwirft. Sie stellt auch die Basis seiner Sartre-Kritik dar. So weist er im Brief *Über den Humanismus* darauf hin, dass er in *Sein und Zeit* das Wort "Wesen" explizit in Anführungszeichen gestellt habe, um anzudeuten, dass sich jetzt das 'Wesen' weder aus dem esse essentiae, noch aus dem esse existentiae, sondern aus dem Ek-statischen des Daseins bestimmt – eine Position, die dem Sartreschen Existentialismus entgegengesetzt sei:

> Sartre spricht dagegen den Grundsatz des Existentialismus so aus: Die Existenz geht der Essenz voran. Er nimmt dabei existentia und essentia im Sinne der Metaphysik, die seit Plato sagt, die essentia geht der existentia voraus. Sartre kehrt diesen Satz um. Aber die Umkehrung eines metaphysischen Satzes bleibt ein metaphysischer Satz. Als dieser Satz verharrt er mit der Metaphysik in der Vergessenheit der Wahrheit des Seins". (Heidegger GA 9, 328)

---

[1] Die Bedeutung der früheren Vorlesungen Heideggers, insbesondere der 1988 erschienen *Hermeneutik der Faktizität* vom Sommersemester 1923, wurde später auch von anderen Autoren ausführlich thematisiert (vgl. etwa Grondin 1990, 163).

Sollte man daraus schließen, dass Husserls "Tragik" gewissermaßen auch Sartres "Tragik" gewesen sei? Heideggers Schlussfolgerung wäre vielleicht[2] berechtigt, hätte Sartre nur ein Buch, nämlich *Der Existentialismus ist ein Humanismus*, geschrieben. Dieser kurze Essay, gegenüber dem sich Sartre später selbst kritisch äußerte, war nicht von ausschlagender Bedeutung für seine philosophisch-phänomenologische Entwicklung, die ich im Großen und Ganzen als ein Übergang vom Husserlschen transzendentalen Idealismus zu Heideggers Fundamentalontologie bezeichnen würde.

Sartres ursprüngliche Faszination für Husserls Phänomenologie wurde von der Ansicht geprägt, es handle sich dabei um eine neue Form des philosophischen Realismus:

> Seit Jahrhunderten hat man in der Philosophie keine derart realistische Strömung mehr gespürt. Die Phänomenologen haben den Menschen wieder in die Welt eingetaucht, sie haben seinen Ängsten und seinen Leiden, auch seinen Revolten ihr ganzes Gewicht wiedergegeben. (Sartre 1994b, 91)

Diesen Realismus sieht Sartre konkreter darin, dass durch das Prinzip der Intentionalität das Bewusstsein und die Welt auf einmal gegeben seien:

> Ihrem Wesen nach dem Bewusstsein äußerlich, ist die Welt ihrem Wesen nach relativ zu ihm. (Sartre 1994a, 34)

Von dieser "fundamentalen Idee" ausgehend versucht Sartre Husserls Eidetik als eine *Tatsachenwissenschaft*, die es mit *existentiellen* Problemen zu tun hat, darzustellen (Sartre 1994b, 42) und entwickelt eine Phänomenologie des Bewusstseins, die sich von der Husserlschen abgrenzt und später zunehmend entfernt (mehr dazu Raynova 2002).

In Gegensatz zu Kant und Husserl, für die das *Ich* eine formale Struktur des Bewusstseins darstellt, versucht Sartre zu zeigen, dass das transzendentale Ich "den Tod des Bewusstseins" bedeutet (ebd., 45), da das Ich immer, auch auf der abstraktesten Stufe, nur eine unendliche Kontraktion des *empirischen, psychophysischen Ichs* ist. Das bedeutet, dass das Ego zwei zusammenfallende Seiten impliziere: Das Ich (*le je*) als ein subjektives, ideales und aktives Element, und das Ich (*le moi*) als ein objektives, "materielles" und passives Element. Husserls Verdoppelung des Ego, die später von Derrida als seine größte Entdeckung erklärt wurde (Derrida 1967, 14), wird auf diese Weise von Sartre eliminiert und

---

[2] Ich sage ganz vorsichtig "vielleicht", denn *Der Existentialismus ist ein Humanismus* mag zwar irrführend sein, da die Beispiele für "Wesen" aus dem Alltag genommen sind, aber auch in diesem Werk folgt Sartre Heidegger, indem er das Wesen aus dem Ek-statischen des Daseins, des Entwurfs, erklärt: "...wenn Gott nicht existiert, so gibt es zumindest ein Wesen, bei dem die Existenz der Essenz vorausgeht (...) und dieses Wesen ist der Mensch, oder, wie Heidegger sagt, das Dasein (...) Der Mensch ist zunächst ein subjektiv erlebender Entwurf, anstatt Schaum, Fäulnis oder Blumenkohl zu sein; nichts existiert vor diesem Entwurf..." (Sartre 1994c, 120-121).

durch die Einheit des Ego ersetzt. Die Weiterentwicklung dieser These zieht wichtige Konsequenzen nach sich. Erstens, das transzendentale Feld wird von Sartre als unpersönlich, als "präpersonell" und "ohne Ich" erklärt. Zweitens, wenn das Cogito unsere Vorstellungen begleiten kann, so nur weil es auf einem Einheitsgrund erscheint, den es nicht geschaffen hat, der präexistiert und ihn ermöglicht. Dieser Einheitsgrund wird in *Die Transzendenz des Ego* als "Bewusstsein ersten Grades" oder "irreflexives Bewusstsein" bezeichnet und später, in *Das Sein und das Nichts*, als "präreflexives Cogito". Dies führt zu Sartres Konzeption der drei Stufen des Cogito: das irreflexive, sich nichtsetzende Bewusstsein eines transzendenten Gegenstandes, das reflexive Bewusstsein, das die Reflexion jedoch nicht sich selbst setzt, und der thetische Akt, indem das reflexive Bewusstsein sich selbst als solches setzt.

Obwohl Sartre gewisse Positionen seines Frühwerks später revidiert hat, bleibt er bis am Ende seines Lebens davon überzeugt, dass sich die Subjektivität nicht *im* Bewusstsein befindet, da sie das Bewusstsein selbst *ist* (Rybalka/Pucciani 1981, 5-6). Das, was er in *Das Sein und das Nichts* der Husserlschen Phänomenologie am meisten vorwirft, und was ihn in die Nähe von Heidegger bringt, ist nicht mehr sosehr die Reduktion des Bewusstseins auf das transzendentale Ich, sondern die Identität zwischen Phänomen und Erscheinung. So hebt Sartre einerseits hervor, dass die Husserls Phänomenologie einen "beachtlichen Fortschritt" machte, indem sie das Existierende auf die Reihe der Erscheinungen, die es manifestieren, reduzierte (Sartre 1991, 9), andererseits fügt er hinzu, dass dies auch den größten Fehler Husserls darstelle, da er damit die Erscheinung mit dem Sein des Phänomens identifiziere, was "lediglich eine neue Wortwahl für das alte *esse est percipi* Berkleys" sei (ebd., 17). Obwohl Sartre auf die Autonomie des irreflexiven Bewusstseins hinweist sowie auf die Notwendigkeit vom Cogito auszugehen, verzichtet er in *Das Sein und das Nichts* auf das unpersönliche transzendentale Feld, welches er als unzureichend für die Überwindung des Husserlschen Solipsismus und Idealismus betrachtet. Als neue Lösungsansätze werden nun die Thematisierung der Differenz zwischen Wesen und Sein sowie zwischen Phänomen und Sein, des ontologischen Beweises und der zwei Hauptbereiche des Seins – das An-sich und das Für-sich – vorgeschlagen.

Dass in *Das Sein und das Nichts* Sartre das Wesen und die Existenz nicht im metaphysischen, sondern im phänomenologischen Sinne versteht, ist bereits aus den ersten Seiten zu vernehmen. Sartre verurteilt dort den alten Dualismus zwischen Erscheinung und Wesen: "Die Erscheinung verbirgt nicht das Wesen, sie enthüllt es: sie *ist* das Wesen" (Sartre 1991, 11). Doch das Wesen ist nicht nur Erscheinung, sondern "das manifeste Gesetz, das die Aufeinanderfolge seiner Erscheinungen leitet, es ist die Regel (raison) der Reihe", bzw. die synthetische Einheit die das Phänomen als organisierte Gesamtheit darstellt. In diesem Sinne bildet die Gesamtheit "Objekt-Wesen" ein organisiertes Ganzes: "das

Wesen ist nicht *im* Objekt, es ist der Sinn des Objekts, die Regel der Reihe von Erscheinungen, die es enthüllen. Aber das Sein ist weder eine erfassbare Qualität des Objekts unter anderen noch ein Sinn des Objekts (...) das Objekt *besitzt* nicht das Sein, und seine Existenz ist weder eine Partizipation am Sein noch irgendeine andere Art von Beziehung. Es *ist*, das ist die einzige Art, seine Seinsweise zu definieren" (ebd., 15).

Diese deutliche Trennung zwischen dem Wesen als Sinn des Phänomens und dem Sein als Seinsweise verweist auf die Notwendigkeit, die Frage nach dem Sinn von Sein zu radikalisieren, indem zuallererst die Frage nach der transphänomenalen Grundlage des Phänomens und des Cogito gestellt wird. Für Sartre genügt es nicht mit Heidegger zu sagen: "Die ontische Auszeichnung des Daseins liegt darin, dass es ontologisch *ist*" (Heidegger 1993, 12). "Das Bewusstsein" – unterstreicht er – "ist nicht ein besonderer Erkenntnismodus, genannt innerster Sinn oder Erkenntnis (...) sondern es ist die transphänomenale Seinsdimension des Subjekts" (ebd., 19). Diese Kritik am Primat der Erkenntnis ist nicht prinzipiell gegen Heidegger gerichtet; sie wird sogar zum Teil mit ihm gegen das sogenannte "Pseudo-Cogito" geführt.

Die phänomenologische Auffassung des Cogito als Transzendenz verlangt nach Sartre eine Untersuchung dessen *woraufhin* es sich transzendiert, *wovon* es sich unterscheidet und *gegenüber* was es sich als Selbst konstituiert. Deswegen lehnt er einerseits die Husserlsche Reduktion ab, die seiner Meinung nach zu einer spekulativen und fiktiven Ontologie führt, und andererseits Heideggers unmittelbare Zuwendung zur existentiellen Analyse, "ohne den Weg über das Cogito zu gehen". Sartre formuliert seine Kritik folgendermaßen:

> Das Cogito bietet immer nur das, was man von ihm verlangt. Descartes hatte es auf seinen funktionalen Aspekt hin befragt: 'Ich *zweifle*, ich *denke*', und da er ohne Leitfaden von diesem funktionalen Aspekt zur existentiellen Dialektik übergehen wollte, verfiel er dem Irrtum des Substantialismus. Durch diesen Fehler belehrt ist Husserl ängstlich auf der Ebene der funktionalen Beschreibung geblieben. Daher ist er niemals über die bloße Beschreibung der Erscheinung als solcher hinausgegangen, hat sich im Cogito eingeschlossen und verdient trotz seinem Abstreiten eher Phänomenist als Phänomenologe genannt zu werden; und sein Phänomenismus grenzt jeden Augenblick an den Kantschen Idealismus. Heidegger will diesen Phänomenismus der Beschreibung vermeiden, der zur megarischen, antidialektischen Isolierung der Wesenheiten führt, und wendet sich daher unmittelbar der existentiellen Analyse zu, ohne den Weg über das Cogito zu gehen. Da aber dem «Dasein» von Anfang an die Bewusstseinsdimension entzogen wurde, kann es diese Dimension nie mehr zurückgewinnen. Heidegger stattet das Dasein *[réalité humaine]* mit einem Selbstverständnis aus, das er als einen «ekstatischen Entwurf» seiner eigenen Möglichkeiten definiert.

Und wir beabsichtigen nicht, die Existenz dieses Entwurfs zu leugnen. Aber was wäre ein Verständnis, das, an sich selbst, nicht Bewusstsein (von) Verständnis-sein wäre? Dieser ek-statische Charakter der menschlichen Realität fällt in ein verdinglichtes *[chosiste]* und blindes An-sich zurück, wenn er nicht dem Bewusstsein von Ekstase entspringt (Sartre 1991, 163-164).

Im Gegensatz zur Heideggers Fundamentalontologie ist Sartres Zugang keine Interpretation des Seins ausgehend vom Da-sein, sondern eine ontologische Differenzierung ausgehend von der Analyse des Phänomens. Die Notwendigkeit vom Phänomen zur Transphänomenalität des Seins des Phänomens und des Cogito vorzudringen wird, nach Sartre, dadurch offenbar, dass das Phänomen als "Erkanntes" uns zum Prozess des Erkennens verweist, und dieser wiederum zum erkennenden Subjekt, insofern es *ist* und nicht insofern es erkannt wird.

Sartres Einführung des nicht-reflexiven Bewusstseins als Grundlage der Reflexion, bzw. des präreflexiven Cogito als Bedingung des kartesianischen Cogito (ebd., 22), zeigt, dass das Sein dem Wesen vorangeht, respektive dass das Bewusstsein dem Nichts voraus ist und sich aus dem Sein gewinnt.

> Das formuliert Heidegger sehr gut wenn er schreibt (allerdings über das 'Dasein', nicht über das Bewusstsein): 'das Was-sein (*essentia*) dieses Seienden muss, sofern überhaupt davon gesprochen werden kann, aus seinem Sein (*existentia*) begriffen werden'. Das bedeutet, dass das Bewusstsein nicht als besonderes Exemplar einer abstrakten Möglichkeit hervorgebracht wird, sondern indem es innerhalb des Seins auftaucht, schafft und trägt es ein Wesen, das heißt die synthetische Anordnung seiner Möglichkeiten (ebd., 24-25).

Das erste Prinzip des Sartreschen "Existenzialismus", das später durch die bekannte Formel "*l'existence précède l'essence*" Ausdruck findet, bezieht also seine Grundlagen, nicht aus der Metaphysik heraus, sondern, in Anlehnung an Heidegger, aus der spezifischen Konzeption der Subjektivität und der Umdeutung des Cogito.

Sartre zeigt durch seine Theorie des präreflexiven Cogito, die sich dem transzendentalen Ich von Kant und Husserl entgegenstellt und die Reduktion des Bewusstseins zur *Hyle* zurückweist (Sartre 1991, 31-32), dass die Subjektivität Bewusstsein (von) Bewusstsein ist, d. h. ein sich-selbst-nicht-setzendes psychophysisches Ich (moi), das in-der-Welt situiert ist und sich zur Welt hin transzendiert. Erst auf Grund dieses Konzepts der Subjektivität wird die Vollziehung des ontologischen Beweises möglich: "Es gilt einen 'ontologischen Beweis' nicht aus dem reflexiven Cogito, sondern aus dem *präreflexiven* Sein des *percipiens* herzuleiten", betont Sartre (ebd., 33). Dieser Beweis sei notwendig, da die Transphänomenalität des Seins nicht aus der Transphänomenalität des Cogito abgeleitet werden könne.

> Das Bewusstsein ist Bewusstsein von etwas: das bedeutet, dass die Transzendenz konstitutive Struktur des Bewusstseins ist; das heißt, das Bewusstsein entsteht als auf ein Sein *gerichtet*, das nicht es selbst ist. Das nennen wir den ontologischen Beweis (ebd., 35).

Die Subjektivität, die absolut ist insofern das Bewusstsein durch sich selbst existiert, lässt sich nur gegenüber einem Offenbarten, einem Transzendenten konstituieren. Deswegen sollte, nach Sartre, Heideggers Definition des Daseins folgendermaßen erweitert werden:

> Das Bewusstsein ist ein Sein, dessen Existenz die Essenz setzt, und umgekehrt ist es ein Bewusstsein von einem Sein, dessen Essenz die Existenz impliziert, das heißt, dessen Erscheinung verlangt zu sein. Das Sein ist überall. Sicher könnten wir auf das Bewusstsein die Definition anwenden, die Heidegger dem Dasein vorbehält, und behaupten, dass es ein Sein ist, dem es 'in seinem Sein um dieses Sein selbst geht', aber man müsste die Definition vervollständigen und etwa so formulieren: das Bewusstsein ist ein Sein, dem es in seinem Sein um sein Sein geht, insofern dieses Sein ein Anderes-sein als es selbst impliziert (ebd., 36-37).

Von da stellt sich *die* Fundamentalfrage der phänomenologischen Ontologie: "Was ist der Sinn des Seins, insofern es diese beiden radikal getrennten Seinsregionen in sich enthält?" (ebd., 44). Diese Frage zeigt, dass es sich bei Sartre um eine Umdeutung der ontologischen Differenz Heideggers handelt, d. h. um eine Differenz, die das Sein in An-sich und Für-sich spaltet. Im Versuch diese Spaltung auszulegen und durch die absolute, ideelle und nicht-vorhandene Totalität des ὅλον zu denken, besteht die grundlegende Differenz zwischen Sartres Hermeneutik des Seins und des Nichts und Heideggers Hermeneutik der Faktizität. Diese Differenz spiegelt sich auch in Sartres Konzeption der Wahrheit wieder: Die Wahrheit beginnt zwar mit der Geschichte des Seins, doch sie ist uns nur durch die konkrete menschliche Existenz gegeben und somit in einer immer hybriden (An-sich-Für-sich), endlichen und unvollendeten Form (Sartre 1989, 19).

Zur "Destruktion des Cogito"

Heideggers Aufgabe einer Destruktion der Geschichte der Ontologie wurde oft als die Destruktion des Cogito schlechthin gedeutet. Heidegger schreibt in *Sein und Zeit* jedoch folgendes:

> Soweit im Verlauf dieser Geschichte bestimmte ausgezeichnete Seinsbezirke in den Blick kommen und fortan primär die Problematik leiten (das *ego cogito* Descartes', Subjekt, Ich, Vernunft, Geist, Person), bleiben diese, entsprechend dem durchgängigen Versäumnis der Seinsfrage, unbefragt auf Sein und Struktur ihres Seins (...) Soll für die Seinsfrage die Durchsichtigkeit ihrer eigenen Geschichte gewonnen werden, dann bedarf es der Auflockerung der verhärteten Tradition und der Ablösung der durch sie gezeitigten Verdeckungen. Diese Aufgabe verstehen wir als die *am Leitfaden der Seinsfrage* sich vollziehende *Destruktion* des überlieferten Bestandes der antiken Ontologie auf die ursprünglichen Erfahrungen, in denen die ersten und fortan leitenden Bestimmungen des Seins gewonnen wurden (Heidegger GA 2, 30).

Er betont, dass diese Destruktion nicht im negativen Sinne als eine Abschüttelung der ontologischen Tradition, sondern als Nachdenken über ihre positiven Möglichkeiten und Grenzen, verstanden werden soll. Dem Cartesianischen Cogito und den (daraufaufbauenden) klassischen Subjektauffassungen wirft Heidegger auf der einen Seite das Vergessen der Frage nach dem *sum* des *cogito* vor (ebd., 61), auf der anderen aber den Verfall in eine Ontologie der Vorhandenheit, die das Sein des Subjekts mit dem Seienden als Seiendem gleichsetzt:

> Jede Idee von 'Subjekt' macht noch – falls sie nicht durch eine vorgängige ontologische Bestimmung geläutert ist – den Ansatz des subjectum (ὑποχείμενον) ontologisch mit, so lebhaft man sich auch ontisch gegen die 'Seelensubstanz' oder die 'Verdinglichung des Bewusstseins' zur Wehr setzen mag (ebd. 62; vgl. 423).

Dies erklärt warum Heidegger Ausdrücke wie "Ego", "Cogito", "Subjekt" und "Mensch" vermeidet.

Ricœurs Heidegger-Lektüre, welche die Frage nach dem Subjekt erneut stellt, setzt sich unter anderem zum Ziel zu zeigen, "dass Heidegger weniger das *Cogito* selbst kritisiert als die Metaphysik, die ihm zugrunde liegt" (Ricœur 1973, 124). Ricœur deutet den Ausgangssatz Heideggers, die Frage nach dem Sein sei heute in Vergessenheit geraten, als Übergang von einer Philosophie, die das Cogito als die erste Wahrheit begreift, zu einer Philosophie die von der Frage nach dem Sein als vergessener Frage ausgeht. "Der springende Punkt" – betont Ricœur – "liegt hier darin, dass sich das Problem des Seins als Frage oder, genauer noch, in der Analyse des Begriffes der Frage anzeigt; denn das Fragen verweist auf ein Selbst" (ebd., 125). Die Frage nach dem Sein des Seienden als Frage enthält demzufolge mehrere Implikationen. Erstens wird damit der ontologische Primat eines Cogito zurückgewiesen, das sich selbst setzt und sich selbst affirmiert, denn die Frage wird nicht an der Gewissheit des Cogito gemessen, sondern erhält ihre Ausrichtung und Bestimmung vom Gefragten her. Zweitens werden die Möglichkeiten einer neuen Philosophie des *ego*, des Ich-bin, eröffnet, insofern sich das authentische *ego* durch die Frage selbst konstituiert, wodurch es nicht mehr im Zentrum steht. "Darum haben wir im Setzen des *ego* zwei Dinge zu sehen: einerseits die Tatsache, dass die Frage als Frage in Vergessenheit geraten ist, andererseits aber auch das ego, das als ein fragendes in Erscheinung tritt", erläutert Ricœur (ebd., 126). Das *ego* wird also nicht mehr als Subjekt, das seiner gewiss ist, gesetzt, sondern als ein Sein, das die Frage nach dem Sein stellt, inklusive nach seinem eigenen Sein. Somit wird das Ich-bin und nicht das Ich-denke in den Vordergrund gebracht. Heideggers Destruktion des Cogito zielt, nach Ricœur, nicht auf das Cogito selbst ab, sondern auf das Sich-setzen des Cogito als absolutes Subjekt, als Mittelpunkt, als Fundament und Bezugsmitte des Seienden (ebd., 129, 135). Sie zeigt, dass das Cogito zu einer Epoche gehört, welche die Welt als Bild darstellt, d.h. als eine Vor-stellung, als eine Subjekt-Objekt-Beziehung, welche die Zugehörigkeit des Daseins zum Sein verdunkelt. In dieser Vor-stellung hat auch der Humanismus seine Wurzeln, wenn unter Humanismus jene philosophische Deutung des Menschen verstanden wird, "daß die humanitas des homo humanus aus dem Hinblick auf eine schon feststehende Auslegung der Natur, der geschichte, der Welt, des Weltgrundes, das heißt des Seienden im Ganzen bestimmt wird" (Heidegger GA 9, 321).

Obwohl Ricœur in einem späteren Beitrag erklärt, dass er Heideggers Kritik des Humanismus missbilligt und die Husserlsche Reflexion der Subjektivität vorzieht (Ricoeur 1978, 7), sieht er in Heideggers Subjekt-Kritik den Schlüssel zu einer neuen Hermeneutik des Ich-bin und zur Wiederaufnahme des Cogito. Er geht dabei von Heideggers Feststellung aus, das Dasein sei ontisch das Nächste, doch ontologisch das Fernste (Heidegger GA 2, 21), und betont:

> Deswegen ist es nicht nur die Aufgabe einer intuitiv beschreibenden Phänomenologie, die Wiederaufnahme des "ich bin" zu leisten, sondern auch die einer Interpretation, gerade weil das "ich bin" vergessen ist; man muss es durch eine Interpretation, die es aus der Verborgenheit holt, wiedererobern (Ricœur 1973, 131).

Demgemäß könne das Cogito nur durch einen regressiven Gedankengang wiederaufgenommen werden, der vom Phänomen des "In-der-Welt-seins" ausgehe und sich zur Frage nach dem *Wer* desselben hinbewege. Dadurch aber, dass das *Wer* keine Gegebenheit, kein "Etwas" sei, auf das man sich stützen könne, sondern etwas, was man erkunden müsse, bleibe es als Frage erhalten. Diese wird in *Sein und Zeit* durch das Problem des alltäglichen Lebens, der Selbsterkenntnis, der Beziehung zum Anderen und schließlich zum Tod erörtert. Ricœur zeigt, dass, während beim frühen Heidegger die Eigentlichkeit des *Wer* erst durch das Thema der Freiheit zum Tode eröffnet wird, beim späten Heidegger das Selbst seine Eigentlichkeit in der *Gelassenheit* findet, die ihre Kraft aus der Dichtung schöpft (ebd., 135).

Gegen die Ansicht, dass mit Heideggers Kehre das Problem des Subjekts, des *ego cogito* aufgelöst wird, vertritt Ricœurs Heidegger-Lektüre die These, dass die Hermeneutik des Ich-bin auch beim späten Heidegger erhalten bleibt. Sie verschwindet nicht durch die Kehre, sondern zeigt sich nunmehr in Verbindung mit der Sprache und dem Wort:

> Das Wort bewahrt im Nennen das, was sich als solches eröffnet hat. Und darin vollzieht es das Νοεῖν – das Denken, in dem sich das vernehmende Sammeln mit dem gewalttätigen Umgrenzen mischt. Das Nennen weist dem Menschen seinen Ort und seine Aufgabe im Raum der Sprache zu. Hier wird das Sein zur Sprache gebracht, und zugleich entsteht ein endliches, sprechendes Sein (...) das Dasein hält sich fortan für den Erzeuger der Sprache (ebd., 134).

Somit wird, so Ricœur, beim späten Heidegger sowohl das Cogito, als auch die Analytik des Daseins wieder eingeführt, denn letztlich unterscheide sich "der Aufbruch" der Sprache in das Sein nicht vom Aufbruch des Daseins, durch welches das Sein zu Wort komme: "Wenn das Wort (mot) unter dem übermächtgen Einfluss des Seins in Erscheinung tritt, wiederholt es das Hervortreten des 'Da', wie es in *Sein und Zeit* erörtert wird, des Daseins, das nach dem Sein fragt" – schließt Ricœur (ebd.).

Ricœurs Hauptthese, die Destruktion des *Cogito* sei die Kehrseite der Hermeneutik des Ich-bin, da dieses durch seine Beziehung zum Sein konstituiert und dezentriert wird, wäre hiermit nachgewiesen. Für mich bleibt jedoch die Frage offen, inwiefern er Heideggers Ansichten auch wirklich teilt. Denn an anderen Stellen spricht er von einer Pluralität der Subjekte und der *Cogitos*, wobei Descartes' *Cogito* "nur einer – wenn auch vielleicht der höchste – unter vielen Gipfeln in einer *Cogito*-Kette, welche die reflexive Philosophie ausmacht" darstelle (ebd., 137; vgl. Ricœur 1996, 13, 26). Nur das cartesianische *Cogito* wäre dann mit dem "Zeitalter des Weltbildes" zu verbinden. Gegen Heideggers Ansicht, die Griechen hätten kein Cogito gehabt, meint Ricœur man könnte auch von einem sokratischen *Cogito* sprechen ("kümmere dich um Deine Seele"), sowie von einem Augustinschen, einem Kantschen oder einem Husserlschen (Ricœur 1973, 137).

Ricœurs Hermeneutik des Ich-bin übernimmt zwar Heideggers Kritik am absoluten Subjekt, bleibt aber nicht dabei. Diese bildet nur einen Teil eines breiteren Zusammenhangs, der Heideggers wechselseitige Beziehung zwischen dem Gefragten und dem Fragenden in Verbindung mit Husserls transzendentaler Reduktion, Freuds Topologie und Archäologie des Subjekts, Lévi-Strauss' struktureller Methode bringt. Dabei sieht Ricœur in der transzendentalen Reduktion die Bedingung der Möglichkeit des Bezeichnens und des Auslegens:

> Vor allen Dingen macht die Reduktion unsere Beziehung zur Welt sichtbar; in der Reduktion und durch sie zeigt sich jedes Seiende als ein Phänomen, als eine Erscheinung, die man beschreiben kann, mithin als eine Bedeutung, die sich einer Explikation anbietet (ebd., 149).

An dieser Stelle kreuzen sich die Wege der phänomenologischen und der strukturalistischen Methode, die ansonsten als entgegengesetzt erscheinen: Für beide bildet die Symbolfunktion des Bewusstseins den Ursprung des gesellschaftlichen Lebens, des Austausches (ebd., 163-166). Die Symbolfunktion verlangt, dass man vom subjektlosen System der Semiologie zum Subjekt vordringt, bzw. vom Zeichen zur Bedeutung, vom Trieb zur Deutung, von der Rede zur Sprache. Die Tatsache, dass das Ich-bin grundlegender ist als das Ich-spreche verlangt von der Philosophie, dass sie den Weg vom Ich-bin zum Ich-spreche geht:

> [Die Philosophie] muss sich vom innersten Schoss der Sprache aus 'auf den Weg zur Sprache' begeben, wie es Heidegger fordert (...) Eine philosophische Anthropologie muss heutzutage versuchen, mit den Mitteln der Linguistik, der Semiologie und der Psychoanalyse den in *Sein und Zeit* skizzierten Weg nachzugehen (...) So muss die philosophische Hermeneutik zeigen, wie die Auslegung selbst dem In-der-Welt-sein widerfährt. Es gibt zunächst das In-der-Welt-sein, dann das Verstehen, dann das Auslegen und schließlich das Sagen (ebd., 172).

Die so verstandene Kreisbewegung zwischen Sprechen und Sein verlegt die Initiative nacheinander auf die Symbolfunktion und ihre triebhafte, existentielle Wurzel, so dass die Hermeneutik des Ich-bin sowohl die apodiktische Gewissheit des Cogito, als auch die Ungewissheiten des unmittelbaren Bewusstseins in Erwägung bringt.

Die Hermeneutik des Ich-bin, die im *Konflikt der Interpretationen* (1969) nur skizzenhaft angedeutet ist, wird Jahre später – in *Das Selbst als ein Anderer* (1995) – durch die ausführliche Ausarbeitung einer Hermeneutik des Selbst ersetzt. Diese endet mit einer weiteren Auseinandersetzung mit Heidegger, die auf der einen Seite zusätzliche Perspektiven eröffnet, auf der anderen aber das Vorhergesagte gewissermaßen in Frage stellt. Ricœur versucht nun eine Auffassung anzubieten, die "ebenso weit von einer Apologie des Cogito wie von seiner Absetzung entfernt ist", bzw. die sich jenseits der Alternative zwischen Cogito und Anti-Cogito situiert (Ricœur 1996, 13, 26). Zu diesem Zweck grenzt er sich einerseits von Nietzsches Dekonstruktion des Subjekts und seiner Darstellung als reiner Illusion ab, andererseits aber von denjenigen Subjektphilosophien[3], die im Cogito sowohl eine unmittelbare apodiktische Gewissheit, als auch den Boden der Letztbegründung sehen. Die Hermeneutik des Selbst geht nicht vom sich setzenden Cogito, vom "Ich" aus, sondern

---

[3] Ricoeur setzt hier "Subjektphilosophie" mit "Philosophie des Cogito" gleich.

vom Selbst: "*Selbst* sagen heißt nicht *ich* sagen. Das *Ich* setzt sich – oder es wird abgesetzt. Das Selbst ist als reflektiertes in Operationen impliziert, deren Analyse der Rückkehr zu sich selbst vorausgeht. Auf diese Dialektik von Analyse und Reflexion wird die Dialektik vom *Ipse* und *Idem* aufgepfropft. Schließlich krönt die Dialektik des Selben und des Anderen die beiden ersten Dialektiken" (ebd., 29). Diese reflexive Distanz unterscheidet Ricœurs Hermeneutik von der Unmittelbarkeit des Ich-bin und initiiert die Prozesse des Infragestellens, der Analyse und der Verifikation im Akt der Bezeugung. Anstatt Streben nach Gewissheit und Letztbegründung, anstatt des Anspruches einer "Ersten Philosophie" zu erheben, setzt sich die Hermeneutik des Selbst bewusst als "zweite Philosophie" (ebd., 30), wo das Selbst nicht die Stelle des Grundes und des Ausgangs bildet, sondern die des "Befragten" (um es mit Heideggers Worten auszudrücken). Ricœur geht es also nicht mehr um die Wiederaufnahme des Cogito in einer breiter gefassten Philosophie des Subjekts, bzw. Hermeneutik des Ich-bin, wie das im *Konflikt der Interpretationen* den Anschein hatte, sondern darum, die Hermeneutik des Selbst explizit davor zu bewahren "als Erbin der Philosophien des Cogito und ihres Anspruchs auf letzte Selbstbegründung aufzutreten" (ebd., 37)[4].

Dieses Ziel wird ausschlaggebend für das ganze Unternehmen in *Das Selbst als ein Anderer*: anstatt des unmittelbaren Ausganges vom Cogito – so wie beispielsweise bei Husserl (Husserl 1963, 5 ff, 58 ff) und Sartre (Sartre 1991, 163-164) –, geht die Hermeneutik den Umweg über die Schleifen der Analyse, bzw. der analytischen Philosophie. Die Frage nach dem Selbst beginnt als Wer-Frage, die mittels der Analyse und der Auslegung durch die Hauptbereiche der Sprachphilosophie, der Philosophie des Handelns, der personalen Identität und der Moral stufenweise ausgearbeitet wird. Erst in der letzten Abhandlung werden die *ontologischen* Implikationen der durchgeführten Untersuchungen thematisiert und in diesem Zusammenhang wird wieder auf Heidegger verwiesen. Ricœurs Heidegger-Lektüre geht dabei einen doppelten Weg: denjenigen der ersten Bestimmung der Selbstheit über ihren Kontrast zur Selbigkeit und denjenigen der zweiten Bestimmung der Selbstheit über ihr dialektisches Verhalten zur Andersheit.

Heidegger, so Ricœur, errichte eine Ontologie der Selbstheit, "indem er ein unmittelbares Abhängigkeitsverhältnis zwischen der Selbstheit und der Seinsweise, die wir jeweils sind, insofern es diesem Sein um sein eigenes Sein geht, nämlich dem *Dasein*, erstellt. Aufgrund dieser Abhängigkeit zwischen einer Auffassungsweise des Selbst und einer

---

[4] In diesem Sinne teile ich nicht Jean Greischs' Ansicht, dass die Hermeneutik des Selbst ein erneuter Versuch sei dem "verwundeten Cogito" Sinn zu geben, bzw. dass das Selbst ein Ausdruck des "verwundeten Cogito" darstellt (Greisch 1994, 157). Die Hermeneutik des Selbst erhebt vielmehr den Anspruch eines Denkens *jenseits des Cogito*.

Weise des In-der-Welt-Seins kann die Selbstheit unter die Existenzialien gezählt werden" (Ricœur 1996, 373). Hier wird die Verwandtschaft zwischen den Konzepten von Heidegger und Ricœur offensichtlich: Die Selbstheit bei Ricœur kann mit der Seinsweise des Daseins verglichen werden und sein Begriff der Selbigkeit bildet eine Analogie zur der Vorhandenheit. Von hier aus wäre auch die Ricœursche Trennung zwischen *idem* (unveränderliche Identität) und *ipse* (veränderliches Selbst) besser zu verstehen. Die Verbindung zwischen Selbstheit und Dasein bei Heidegger entstehe, laut Ricœur, durch die Vermittlung der Sorge, doch stelle sich für ihn zugleich die Frage, ob die Sorge in ihrer ontologischen Dimension auch der "analogischen Einheit des Handelns" entspreche. Um diese Frage zu beantworten unternimmt Ricœur eine Untersuchung der Verbindung zwischen Selbst, Sorge und In-der-Welt-Sein, die auf die Heideggersche Wiederaneignung von Aristoteles zurückgreift. Dabei vergleicht er die Sorge bei Heidegger mit der Praxis bei Aristoteles um zu zeigen, dass die Praxis, bzw. die Sorge, neben der *theoria* und der *poièsis* nur einen der Momente des Handelns darstellt. Sie kann nach Ricœur also nicht als Einheitsprinzip des menschlichen Handlungsvermögens angesehen werden (ebd., 377). Das menschliche Handeln und das Erleiden sind vielmehr durch die *energeia* und *dynamis* im Sein verwurzelt. Diese beiden sollte man aber nicht mit der Heideggerschen Faktizität gleichsetzen. Die Schaltstelle zwischen der Phänomenologie des handelnden und leidenden Selbst und dem zugleich wirklichen und mächtigen Grund, von dem sich die Selbstheit abhebt, wäre nach Ricœur vielmehr in Spinozas Auffassung des *conatus* zu finden (ebd., 380-382).

Die zweite Bestimmung der Selbstheit über ihr dialektisches Verhalten zur Andersheit ist für Ricœur von größerer Bedeutung als die erste. Zu diesem Zweck wird die Arbeitshypothese über den "Dreifuss der Passivität, mithin der Andersheit" verwendet, die auf den drei Erfahrungen der Passivität gründet, nämlich auf dem Eigenleib, dem Verhältnis zum Anderen als Andersheit und dem Verhältnis zu sich selbst als Gewissen. Ricœur verweist auf Main de Biran, der die verschiedenen Passivitätsstufen des Leibes (Nachgeben der Anstrengung, Wohl und Unwohl, Widerstand der Dinge durch das aktive Berühren) beschrieben hat, um gleich danach auf die Leibontologie Husserls einzugehen. Dabei dringt die Opposition "Husserl – Heidegger" in den Vordergrund:

> In gewisser Hinsicht ist sein [Husserls] Beitrag zu dem, was man eine Leibontologie nennen müsste, wichtiger als der Heideggers. Diese Behauptung scheint auf den ersten Blick paradox, und zwar in doppelter Hinsicht: Zunächst nimmt die entscheidende Unterscheidung zwischen *Leib* und *Körper,* die man wohl durch "chair" und "corps" wiedergeben muss, in den *Cartesianischen Meditationen* eine strategische Stellung ein, aufgrund deren sie auf die Konstitution einer gemeinsamen, das heißt intersubjektiv begründeten Natur hin nur eine Etappe sein soll. So wird der Leibbegriff nur aus-

> gearbeitet um die Paarung eines Leibes mit einem anderen zu ermöglichen, auf deren Grundlage sich dann eine gemeinsame Natur konstituieren kann: Letzten Endes bleibt diese Problematik, was ihre fundamentale *Ausrichtung* anbelangt, die Problematik der Konstitution jeglicher Wirklichkeit durch das Bewusstsein und in ihm. Diese Konstitution hängt mit den Philosophien des *Cogito* zusammen, von denen wir uns bereits im Vorwort dieses Werkes verabschiedet haben. Man könnte nun annehmen, dass die Philosophie des In-der-Welt-Seins in *Sein und Zeit* gerade aufgrund ihres Bruches mit der auf der Intentionalität des Bewusstseins fußenden Konstitutionsproblematik – einen angemesseneren Rahmen für eine Ontologie des Leibes anbietet. Hier liegt jedoch die zweite Seite des Paradoxes: Aus Gründen, die bald zu nennen sind, hat *Sein und Zeit* keine Ontologie des Leibes sich entfalten lassen. Tatsächlich findet sich bei Husserl (...) der vielversprechendste Entwurf einer Ontologie des Leibes, die geeignet ist, die Einschreibung der hermeneutischen Phänomenologie in eine Ontologie der Andersheit zu besiegeln (ebd., 388-389).

Die Leib-Körper Differenz, in der, nach Ricœur, die große Entdeckung Husserls besteht, wurde von letzterem radikalisiert, um das *alter ego* aus dem *ego* abzuleiten. Der Leib als gemeinsame Natur offenbart sich als Bezugspol sämtlicher Körper, die zu dieser Eigennatur gehören. Er ist der Ort aller passiven Synthesen, auf denen sich die aktiven Synthesen aufbauen, er ist die *hylè* und der Ursprung der Alteration des Eigenen. Daraus folgt, dass die Selbstheit eine "eigene" Andersheit impliziert, deren Grundlage der Leib ist, denn der Leib erscheint insofern als ein Körper unter anderen Körpern, als ich selbst ein Anderer unter allen Anderen bin. Doch eben weil Husserl den Anderen als Ich nur als ein anderes Ich gedacht hat und niemals das Selbst als einen Anderen, so hatte er, laut Ricœur, auch keine Antwort auf das Paradox, das in der Frage zusammengefasst ist: Wie lässt sich verstehen, dass mein Leib zugleich ein Körper ist?

Um diese Frage zu beantworten und eine Ontologie auszuarbeiten, die sowohl die Selbstintimität des Leibes als auch seine Weltoffenheit mitberücksichtigen würde, müsste man sich, so Ricœur, *Sein und Zeit* zuwenden. Denn Heidegger habe mit den Begriffen des In-der-Welt-Seins, der Befindlichkeit, der Geworfenheit und der Faktizität den philosophischen Ort des Leibes bestimmt.

> Man könnte sogar sagen – betont Ricœur –, dass die Verbindung des Lastcharakters der Existenz und der Aufgabe des Seinsollens im selben Existenzial der Befindlichkeit am ehesten das Paradox einer für das Selbst konstitutiven Andersheit ausdrückt und so zum erstenmal dem Ausdruck des "Selbst als eines Anderen" ("soi-même comme un autre") seine volle Stärke verleiht (ebd., 394).

Es stelle sich jedoch die Frage, warum Heidegger den Begriff des Leibes nicht als gesondertes Existenzial ausgearbeitet hat. Ricœur gibt darauf eine eindeutige Antwort: Einerseits habe Heidegger mit der Furcht und der Angst vor dem Sein-zum-Tode die Phänomenologie des Leidens unterschätzt, andererseits habe er die räumliche Dimension des In-der-Welt-Seins vernachlässigt, da sie von ihm als uneigentliche Form der Sorge verstanden wurde.

Ricœur versucht seinerseits das Problem der Andersheit des Anderen zu lösen, indem er zeigt, dass diese Dialektik nicht einseitig zu konstruieren ist, sei es, dass man mit Husserl versucht das *alter ego* aus dem *ego* abzuleiten, sei es, dass man mit Lévinas dem Anderen die ausschließliche Initiative in der Zuweisung der Verantwortung an das Selbst vorbehält. Ricœur schlägt eine überkreuzte Auffassung der Andersheit vor, die sowohl das Primat der Selbstschätzung als auch den vom Anderen ausgehenden Aufruf zur Gerechtigkeit berücksichtigt. Somit gelangt er zum dritten Moment der "Passivität, mithin der Andersheit", nämlich dem Problem des Gewissens, das allein diesem Aufruf gerecht werden kann. Die Stimme des Gewissens zu hören ist ein Aufgefordertsein durch den Anderen (ebd., 423). In dieser Aufforderung drückt sich auch die *Struktur der Selbstheit* aus, die sich in tiefer Einheit mit der Selbstbezeugung befindet. Gerade diese Struktur ermöglicht den Ausbruch aus der transzendentalen Dimension des ego cogito und somit das Erkennen und Anerkennen der Andersheit in ihrer irreduziblen Spezifizität.

In *Das Selbst als ein Anderer*, das nicht nur durch die Schleifen der Sprachanalyse führt, schlägt Ricoeurs Umweg also eine neue Richtung ein, nämlich die einer Hermeneutik der Faktizität, bereichert durch eine Ontologie des Leibes. Das Selbst erkennt sich nun nicht mehr ausschließlich durch den Text, sondern primär durch den Anderen (ebd., 395). Dieses neue Selbstverständnis, das durch die drei Modalitäten der Andersheit – den Eigenleib, den Anderen, das Gewissen – geprägt ist, ermöglicht ein erweitertes Verstehen des Selbst und eine Weitererführung der hermeneutischen Phänomenologie im Sinne des frühen Heidegger, bereichert jedoch durch die sozialen, ethisch-politischen und kommunikativen Elemente, die in Heideggers Philosophie kaum präsent sind.

Schlussfolgerungen:
Die drei Herausforderungen des Cogito – Sein, Existenz, Text

Aus unserer Analysen geht deutlich hervor, dass Heideggers Vorwurf, Sartre habe den Seinssinn des Daseins, bzw. "die Wahrheit des Seins" vergessen, unberechtigt ist. Genauso unhaltbar ist, meines Erachtens, Sartres Kritik an Heidegger, er habe das Cogito als Ausgangspunkt der existenziellen Analyse umgangen. Denn die Sartresche Transzendenz des Cogito, als Ausgangspunkt der Phänomenologie, verweist zwar auf das transphänomenale Sein, kann jedoch von diesem nicht abgeleitet werden, ohne dass man von Neuem in den "Phänomenismus" verfällt, den Sartre Husserl vorgeworfen hat (Sartre

1991, 163-164; vgl. Raynova 2002). Ricœurs Heidegger-Lektüre, bringt Klarheit in diese Diskussion, indem sie die Dezentrierung des Subjekts in Verbindung mit den Grenzen der Apodiktizität des Cogito stellt. Seine These und Weiterführung der Hermeneutik des Ich-bin birgt in sich jedoch die Gefahr einer Hyperbolisierung der Rolle der Sprache. Wenn jedes Verstehen des Selbst nur durch die dreifache Vermittlung von Zeichen, Symbolen und Texten zustande kommt (Ricœur 1986, 29-32), wenn die ontischen Strukturen nur durch die Sprache zu gewinnen sind (Ricœur 1973, 172), bzw. das Ich-bin nur durch den Umweg des Texts zum Sein kommt, dann bekommt das Wort einen primären Charakter (siehe dazu Raynova 2009, 52-55; idem 2010, 32-33). Ricœurs Hermeneutik des Ich-bin schwankt in diesem Sinne zwischen einer primären und einer sekundären Bestimmung der Rolle der Sprache:

> In einem Sinne ist die Sprache das Erste, weil sie immer von dem aus, was der Mensch sagt, das Netz der Bedeutungsgebung entfalten lässt, in dem die gegenwärtigen Gegebenheiten gefangen sind. Doch in einem anderen Sinne ist die Sprache sekundär: (...) Die Sprache will *sagen*, d. h. *zeigen*, sichtbar machen, zum Sein bringen (...) Die Zugehörigkeit der Sprache zum Sein erfordert also, dass man ein letztes Mal das Verhältnis umkehrt und dass die Sprache selbst als eine Seinsweise im Sein erscheint (ebd., 171).

Es ist also Heidegger, dem Ricœur seine – zumindest nominale – Entscheidung für das Primat des Seins der Sprache und des Sprechenden als ein "In-der-Welt-sein" verdankt. Doch im Gegensatz zu Themen wie die des Cogito oder der Andersheit, wird das Sein als solches bei Ricœur nie zum Objekt eigenständiger Untersuchungen. Wenn sich also "Ricœurs Interpretation des Subjekts bei Heidegger in gewissem Maße einseitig erweist", wie Marco Buzzoni behauptet (Buzzoni 1990, 233), so ist es nicht weil Ricœur "die *transzendental-hermeneutische* Dimension der Ontologie des Selbst zugunsten ihres *ethisch-hermeneutischen* Aspekts in den Hintergrund drängt" (ebenda)[5], sondern weil die ontisch-ontologische Dimension der Hermeneutik des Ich-bin vernachlässigt wird, zugunsten ihrer transzendentalen, semantischen, ethischen und sozialen Dimensionen. Sartres Radikalisierung der Ontologie, insbesondere des transphänomenalen Seins des Cogito und des Phänomens, könnte in diesem Sinne als die Kehrseite von Ricœurs Radikalisierung der Hermeneutik des Ich-bin angesehen werden. Worin sich vielleicht Heidegger, Sartre und Ricœur einig sein könnten, wäre die Auffassung, dass das Cogito als "Suche nach der Wahrheit" immer auf etwas anderes als auf sich selbst angewiesen ist – auf

---

[5] Die transzendental-hermeneutischen Dimensionen, insbesondere die transzendentale Differenz und das Transzendentale der Sprache, werden von Ricœur explizit untersucht, jedoch ausgehend von Husserl (siehe Ricoeur 1973, 164 ff).

das *Sein* bei Heidegger, auf die *Existenz* bei Sartre, auf den *Text* oder die *Andersheit* bei Ricœur –, dessen Enthüllung die Grundvoraussetzung zur Verwirklichung der Eigentlichkeit darstellt.

Prof. Dr. Yvanka B. Raynova, Institute for the Study of Societies and Knowledge – Bulgarian Academy of Sciences, Sofia / Institut für Axiologische Forschungen, Wien, raynova[at]iaf.ac.at

Literaturangaben

Buzzoni, Marco. "Zum Begriff der Person. Person, Apriori und Ontologie bei Heidegger und Ricœur", in: Dietrich Pappenfuss / Otto Pöggeler (Hg.) *Zur philosophischen Aktualität Heideggers*. Bd. 2. Frankfurt am Main: Klostermann, 1990, 227-253.

Derrida, Jacques. *La voix et le phénomène. Introduction au problème du signe dans la phenomenologie de Husserl*. Paris, 1967.

Greisch, Jean. "Vers une herméneutique du soi. La voie courte et la voie longue", in *Ethique et responsabilité – Paul Ricoeur*. Textes réunies par Jean-Christophe Aeschlimann. Neuchâtel: La Baconnière, coll. « Langages », 1994, 155-173.

Grondin, Jean. "Die Hermeneutik der Faktizität als ontologische Destruktion und Ideologiekritik", in: Dietrich Pappenfuss / Otto Pöggeler (Hg.) *Zur philosophischen Aktualität Heideggers*. Bd. 2. Frankfurt am Main: Klostermann, 1990, 163-178.

Heidegger, Martin. *Sein und Zeit*, in *Gesamtausgabe*, Bd. 2 (GA 2), Frankfurt am Main: Vittorio Klostermann, .

Heidegger, Martin. "Brief über den Humanismus", in *Gesamtausgabe*, Bd. 9 (GA 9), Frankfurt am Main: Vittorio Klostermann, 1976.

Husserl, Edmund. *Cartesianische Meditationen und Pariser Vorträge*, in: *Husserliana*, Bd. 1, Haag, 1963.

Pöggeler, Otto. *Der Denkweg Martin Heideggers*, Pfullingen, 1963.

Raynova, Yvanka B. "Jean-Paul Sartre: A Profound Revision of Husserlian Phenomenology," in: Ana-Teresa Tymieniecka (ed.). *Phenomenology World-Wide* (*Analecta Husserliana*, vol. 80). Dordrecht: Springer, 2002, 323-335.

Raynova, Yvanka B. *Between the Said and the Unsaid. In Conversation with Paul Ricoeur, Vol. 1*. Frankfurt am Main: Peter Lang, 2009.

Raynova, Yvanka B. *Etre et être libre: Deux passions des philosophies phénoménologiques*. Frankfurt am Main : Peter Lang, 2010.

Ricœur, Paul. *Hermeneutik und Strukturalismus. Konflikt der Interpretationen I*, München: Kösel-Verlag, 1973.

Ricœur, Paul. "My Relation to the History of Philosophy", in: *Iliff Review*, 35, No. 3, Fall, 1978, 5-12.
Ricœur, Paul. *Du texte à l'action. Essais d'herméneutique, II*, Paris: Seuil, 1986.
Ricœur, Paul. *Das Selbst als ein Anderer*. München: Wilhelm Fink Verlag, 1996.
Rybalka Michel, Pucciani Oreste F. "Interview with Jean-Paul Sartre", in: Paul Artur Schilpp (ed.). *The Philosophy of Jean-Paul Sartre*. La Salle, Illinois: Open Court, 1981, 5-51.
Sartre, Jean-Paul. "A propos de l'existentialisme : Mise au point, in : Michel Contat, Michel Rybalka, Les écrits de Sartre, Paris: Gallimard, 1970.
Sartre, Jean-Paul. *Vérité et Existence*, Paris: Gallimard, 1989.
Sartre, Jean-Paul. *Das Sein und das Nichts. Versuch einer phänomenologischen Ontologie*, Reinbeck bei Hamburg: Rowohlt, 1991.
Sartre, Jean-Paul. "Eine fundamentale Idee der Phänomenologie Husserls: die Intentionalität", in: *Philosophische Schriften I, Die Transzendenz des Ego. Philosophische Essays 1931-1939*, Reinbeck bei Hamburg: Rowohlt,1994a.
Sartre, Jean-Paul. "Die Transzendenz des Ego", in: *Philosophische Schriften I, Die Transzendenz des Ego. Philosophische Essays 1931-1939*, Reinbeck bei Hamburg: Rowohlt,1994b.
Sartre, Jean-Paul. *Der Existentialismus ist ein Humanismus*, in: *Philosophische Schriften I, Der Existentialismus ist ein Humanismus, Materialismus und Revolution, Selbstbewusstsein und Selbsterkenntnis und andere Philosophische Essays 1943-48*, Reinbeck bei Hamburg: Rowohlt,1994c.

CHRISTOPHE PERRIN (Louvain/Stanford)

"Engagez-vous, rengagez-vous…".
Lignée et tradition cartésiennes dans *L'être et le néant*

"Join up, they said! It's a man's life, they said!"
Cartesian Lineage and Tradition in *Being and Nothingness*

Abstract

While Descartes is literally present in 27 of 722 pages that Being and Nothingness *counts, Hegel appears in 43, Husserl in 46 and Heidegger in 47 of them. Without asserting, and thus without infirming the obvious influence of these three German thinkers on it, one year after his essay of phenomenological ontology, it is nevertheless the filiation and the manner of only the French philosopher that Sartre claims in front of Pierre Lorquet. So, which relative and which model is Descartes for him? And what relationship does Sartre exactly maintain with him? Following the track of the latter in the 1943 treatise, I want to ensure that "the individual of existentialism is Descartes's true heir".*

Keywords: Jean-Paul Sartre, René Descartes, *Being and Nothingness*, *cogito*, consciousness

> Vraiment, chez nous, un seul a agi profondément sur mon esprit, c'est Descartes. Je me range dans sa lignée et me réclame de cette vieille tradition cartésienne qui s'est conservée en France. La guerre m'a enseigné qu'il fallait m'engager.
> *Jean-Paul Sartre* (Lorquet 1944)

Bien connu, l'aveu de Jean-Paul Sartre à son compatriote Pierre Lorquet au cours d'une interview pour les *Mondes nouveaux* en 1944 est tout sauf incongru puisque, on le sait, l'électron libre qu'était le jeune étudiant durant ses années de formation n'en tournait déjà pas moins autour de ce noyau commun à ses petits camarades et à ses grands professeurs. Certes, en lui donnant le goût de sa discipline en première supérieure à la faveur d'un sujet de dissertation – "Qu'est-ce que durer ?" – qui lui fait lire Bergson et son *Essai sur les données immédiates de la conscience*, François Colonna d'Istria réussit là où Joseph Chabrier – alias Cucuphilo – et Marcel Bernès ont, respectivement en terminale à Henri-IV et en hypokhâgne à Louis-le-Grand, échoué. Mais, spécialiste de Spinoza (Spinoza 1907), celui-là n'est pas plus connaisseur de Descartes que ceux-ci – l'un, docteur en médecine reconverti et l'autre, passionné par la sociologie –, encore que, "dans le premier tiers" du XXe siècle, "l'enseignement scolaire et universitaire de la philosophie" étant dans l'Hexagone dominé par la triade Platon-Descartes-Kant" (Aubenque 1987, 26), il n'y a pas à l'être particulièrement pour l'être vraiment. Certes, ayant changé de lycée afin de mieux préparer le concours d'entrée à l'Ecole Normale Supérieure, Sartre est privé, et à regret (Beauvoir 1981, 375), de suivre en khâgne Alain qui, lors de la Grande Guerre, on s'en souvient, avait rédigé au front "L'éloge de Descartes" de ses *Quatre-vingt-un chapitres sur l'esprit et les passions* de 1917. Normalien, il eût pu, rue Victor Cousin, écouter Léon Brunschvicg, auteur d'un *Spinoza* et bientôt d'un *Pascal*, comme d'un *Descartes* et même d'un *Descartes et Pascal, lecteurs de Montaigne* (Brunschvicg 1894 ; 1932; 1937; 1942). À la même adresse, il eût pu aussi bien assister aux leçons d'Étienne Gilson, dont la thèse, *La liberté chez Descartes et la théologie*, déjà étayée par l'*Index scolastico-cartésien*, s'enrichissait de nouveaux travaux sur le penseur moderne : *René Descartes. Discours de la méthode, texte et commentaire* et *Études sur le rôle de la pensée médiévale dans la formation du système cartésien* (Gilson 1913; 1925 ; 1930). Mais Sartre, il est vrai, n'en fit rien : "Je n'allais jamais aux cours, moi, personnellement (…). Tout ce que je faisais, je le faisais à l'École (…) je ne mettais pas les pieds à la Sorbonne." (Sartre 1971) Si, au demeurant, il dut nécessairement le faire pour rencontrer Henri Delacroix, qui supervisa son diplôme d'études supérieures intitulé : "L'image dans la vie psychologique : rôle et nature", il ne côtoya pas davantage Descartes au contact de cet expert des mystiques rhénans. Et pourtant, que fera Sartre en recyclant son mémoire pour la collection "Nouvelle encyclopédie philosophique" des éditions Alcan et, ainsi, aboutir en 1936 à la publication de *L'imagination* ? Rien d'autre, dans son premier chapitre à tout le moins, que passer en revue les différentes théories de l'imagination qui se sont succédé depuis celle de Descartes, et ceci quand bien même "[son] souci n'est pas celui de Descartes" et qu'"[il] ne conç[oit] pas l'imagination comme lui" (Sartre 1943, 37). Qu'à cela ne tienne donc, "naviguant sans maître", "négligeant des professeurs qu'il jugeait sans envergure", c'est spontanément que Sartre "tourna vers Descartes" – peut-être encore "vers Kant et vers Spinoza", mais pour sûr d'abord vers lui – "ses questions personnelles" (Cohen-Solal 1985, 139). Du reste, qui n'ignore pas quel "livrovore" il fut, mettant en fiches jusqu'à plus de trois cents ouvrages par an, ne s'étonnera pas de ce que, sans avoir été strictement l'élève des figures majeures de l'enseignement parisien de la philosophie de son temps, il ait été incontestablement l'héritier des idées que chacune tirait – ou allait tirer – de sa lecture de Descartes : l'approfondissement du *cogito* pour

Brunschvicg, l'éclaircissement de la nature de la liberté pour Gilson, la promotion de la générosité pour Alain.

Bien connu, cet aveu de Sartre à Pierre Lorquet n'en est pas moins fort ambigu puisque, à bien y regarder, les truismes sur lesquels il repose composent un sophisme à l'arrivée. *Truismes*, dans la mesure où chacune de ces trois propositions est, à l'évidence, non seulement vraie mais avérée. L'auteur des *Carnets de la drôle de guerre* n'y consigne-t-il pas, en effet, et l'influence sur lui de son aîné – "Descartes" étant le premier des "instruments de technique philosophique" mis "à [s]a disposition" (Sartre 2010, 929) à l'école, le jeune Jean-Paul est formé par ses maîtres à ce maître qui est aussi le leur –, et l'allégeance qu'il lui prête – plaçant ses réflexions "*sous le signe de Descartes*" (ibid., 368), le professeur Sartre met ses pas dans les siens[1], même à contester sa doctrine et sortir du droit chemin –, et la militance qu'il se choisit pour mode de vie – conscient, depuis sa captivité au Stalag XII D de Trèves, d'avoir jusque-là "été léger" avec les événements du monde, le nouveau résistant n'entend plus dire qu'il "*faut* faire" (ibid., 143 et 284) quelque chose, mais agir, passant bientôt de l'initiative individuelle à l'adhésion à un parti ? *Sophisme*, dans la mesure où ces trois propositions tenues ensemble sont, à l'analyse, fausses, la conclusion – "Je me range dans sa lignée et me réclame de cette vieille tradition cartésienne qui s'est conservée en France" – pouvant certes résulter de la majeure – "Vraiment, chez nous, un seul a agi profondément sur mon esprit, c'est Descartes" –, comme de la mineure – "La guerre m'a enseigné qu'il fallait m'engager" –, mais pas des deux prémisses à la fois. La chronologie l'interdit. Comment la leçon qu'il tire de son séjour forcé en Allemagne cependant que la *Wehrmacht* occupe son pays pourrait-elle en réalité décider Sartre à prendre fait et cause pour Descartes ? C'est qu'à dire vrai, il le fait bien avant la guerre, le signe tangible de ce ralliement étant la parfaite observance, dès la publication de sa première œuvre philosophique, *La transcendance de l'ego*, de la règle que définit seulement, presque dix ans plus tard, son essai d'ontologie phénoménologique – règle selon laquelle "une étude de la réalité humaine doit commencer par le cogito" (Sartre 1943, 127)[2]. De deux choses l'une dès lors : en 1944, *ou* l'engagement de Sartre dans et pour le cartésianisme n'est qu'un simple rengagement, *ou* ce rengagement est un nouvel engagement. "Et après ?" demanderaient les légionnaires romains des camps retranchés de Babaorum, Aquarium, Laudanum et Petitbonum, dont la rengaine désabusée, "Engagez-vous, rengagez-vous, ils disaient…" (Goscinny/Uderzo 1965, 10), semble d'emblée frapper

---

[1] Pour philosopher donc, comme pour enseigner l'histoire de la philosophie. D'où les rapprochements établis par Sartre entre Descartes et Husserl et Heidegger, ou en privé dans ses *Carnets* (Sartre 2010, 299), ou en public au lycée Condorcet (Cohen-Solal 1985, 357).
[2] Notons que, dans l'édition originale de son *opus magnum*, Sartre n'écrit généralement pas *cogito* en italique. Sauf à le citer le citant, nous le ferons, nous.

d'inanité l'affirmation de cette différence eu égard à l'identité de leurs conséquences. N'en déplaise à ces hypothétiques objecteurs, les deux branches de cette alternative posent question, en sorte que leur lamentation comique peut nous servir d'illustration[3].

Dans le cas d'un *simple rengagement*, quel sens a la mention de la guerre en cette affaire ? Faut-il croire à du chauvinisme de la part de Sartre et voir sa déclaration comme un acte de résistance dans un pays soumis à l'envahisseur, le rappel du nom de son "héros" (Glucksmann 1987, 123) comme l'appel à son patronage ne pouvant que réveiller l'orgueil national ? Assurément non. Le "Chez nous" par lequel commence sa déclaration dit bien combien il ne s'agit pas pour lui d'estimer ici ces penseurs allemands qui comptent aussi énormément pour lui – ces "trois H"[4] découverts quasi-simultanément outre-Rhin. Dans le cas d'un *nouvel engagement*, quel sens prend cette revendication de cartésianisme ? Faut-il voir dans cette reconnaissance de dette une prise de conscience, par Sartre, du génie de son devancier et croire que celle-ci ouvre la voie, dans sa production, à la rédaction de ce mystère littéraire qu'est *Descartes 1596-1650* et par lequel il lui rendrait hommage ? Assurément non[5]. Le "profondément" qui qualifie l'imprégnation cartésienne qui est la sienne suppose que celle-ci remonte à loin, quand c'est seulement maintenant que Sartre y revient. Parce qu'il est clair que le "cartésianisme" (Sartre 2010, 441) d'étudiant que Sartre partageait avec Nizan et même avec Aron (ibid., 368) lors de sa formation parisienne n'est plus le même que celui du penseur qu'il devient lors de son passage berlinois par l'Institut français, et parce que cette affirmation de 1944 paraît indiquer qu'il change encore après, avec la guerre, et peut-être à la faveur de l'Histoire, travaillons à faire la lumière sur le statut de Descartes et le rapport que Sartre entretient avec lui dans *L'être et le néant*[6]. C'est que, paru seize mois avant cette confidence faite à Pierre Lorquet, le livre majeur de l'auteur voit en effet 27 de ses 722 pages évoquer Descartes. Certes, on en dénombre 43 mentionnant Hegel, 46 Husserl et 47 Heidegger. Mais toujours la référence cartésienne intervient lors, non seulement de discussions stratégiques,

---

[3] À l'inverse de Bruno Lavillatte, qui a mis à jour "l'existentialisme caché des "Aventures d'Astérix le Gaulois"" – c'est le sous-titre de sa truculente étude *Tu sais ce qu'il te dit, Môssieu Astérix ?* (2009) –, dégageons pour ainsi dire la gauloiserie foncière des méditations de Sartre l'existentialiste.

[4] Et auxquels Sartre consacre, comme tel, le troisième paragraphe du chapitre premier de la troisième partie de son grand œuvre (Sartre 1943, 288-310). Pour ceux qui aiment les chiffres, le nom de Descartes apparaît à 39 reprises dans le livre contre 79 pour Hegel, 61 pour Husserl et 69 pour Heidegger. Côté adjectif, on dénombre 20 mentions de *cartésien*, 11 de *hégélien*, 7 de *husserlien* et 8 de *heideggérien*.

[5] Du reste, nous avons récemment montré pourquoi "La liberté cartésienne", qui constitue l'introduction au *Descartes 1596-1650* de 1946, avait été écrite par son auteur ou, à tout le moins, devait être lue par ses lecteurs avant *L'être et le néant* (Perrin 2013).

[6] Puisque sur une base textuelle exhaustive, nous reprendrons ainsi l'effort déployé par Michel Kail, le premier à s'être penché sur "le sort qui est réservé à Descartes dans *L'être et le néant*" (Kail 1990, 474), et relaierons celui fourni par Pierre Verstraeten (Verstraeten 1999).

mais d'exposés thétiques – trois en réalité : le premier porte sur *la conscience et la contingence* (Sartre 1943, 115, 122, 127 et 368), le second sur *le temps et l'autre* (ibid., 127, 153, 176-179, 197, 202-203, 293, 308-309 et 543), le dernier sur *la liberté et les passions* (ibid., 60-61, 517 et 562). Faute de place ici, nous n'étudierons dans ce qui suit que cette question initiale[7]. Plus et mieux que les autres cependant, elle témoigne clairement de ce que "l'individu de l'existentialisme" est bien ce que l'on dit de lui : "le véritable héritier de Descartes" (MacIntyre 1967, 153).

*

Descartes survient très tôt dans *L'être et le néant*, car aussitôt par l'auteur précisé son propos. Dans son introduction intitulée "À la recherche de l'être", Sartre prend acte du "progrès considérable" de celle qu'il appelle "la pensée moderne" (Sartre 1943, 11), soit non pas strictement la pensée cartésienne, mais celle, largement cartésianisante, qu'est la phénoménologie contemporaine de Husserl. "En réduisant l'existant à la série des apparitions qui le manifestent", celle-ci permet en effet à la philosophie de se débarrasser des dualismes qui, jusqu'ici, la phagocytaient – ceux de l'intérieur et de l'extérieur, de l'être et du paraître, de l'acte et de la puissance, de l'essence et de l'apparence. Un "monisme du phénomène" (*id.*) les remplace désormais, en vertu duquel tout ce qui est est et n'est que ce qu'il paraît. Aussi la force n'est-elle rien d'autre que l'ensemble de ses effets, le génie proustien rien de plus que les œuvres mêmes où il transparaît. La question est alors de cerner "*l'être de ce paraître*" ou, si l'on préfère, de discerner l'être, étant bien clair, parce que "l'être de l'apparition" peut être lui-même une apparition, qu'il faut faire le départ entre "le phénomène d'être" – soit telle apparition en laquelle l'être apparaît, soit tel être qui est comme tel apparition, ce qui revient au même "puisqu'il n'y a rien derrière" l'apparition "et qu'elle n'indique qu'elle-même" – et "l'être du phénomène" – comprenons : la condition de toute apparition qui, elle, n'est pas une apparition, l'"être-pour-dévoiler" qui jamais n'est un "être dévoilé" (ibid., 12 et 15). D'un côté donc l'être tel qu'il se décèle et, partant, se révèle à moi dans la rencontre que j'en fais, de l'autre l'être tel qu'il déborde et, par là même, se dérobe à moi dans l'appréhension que j'en ai. Bref, d'un côté l'être *qui* m'apparaît, l'"*esse apparens*", de l'autre l'être *de ce qui* m'apparaît, l'"*esse subsistens*" (Seel 1971, 77). Or, quoique "coextensif" à celui-là, celui-ci échappe à "la condition phénoménale" (Sartre 1943, 16), si bien que l'être se donne à la fois dans le phénomène et comme un au-delà de lui. Et Sartre, pour se résumer, de noter :

---

[7] Sur la question de la référence à Descartes au sujet de la liberté et des passions, on pourra lire notre "Sartre et le problème des passions libres" (Perrin, à paraître). Sur la question de la référence à Descartes au sujet du temps et de l'autre, il faudra encore patienter.

> En considérant *non l'être* comme condition du dévoilement, mais l'être comme apparition qui peut être fixée en concepts, nous avons compris tout d'abord que la connaissance ne pouvait à elle seule rendre raison de l'être, c'est-à-dire que l'être du phénomène ne pouvait se réduire au phénomène d'être. En un mot, le phénomène d'être est "ontologique" au sens où l'on appelle *ontologique* la preuve de saint Anselme et de Descartes. (ibid.)

Cette différence qu'il vient d'établir entre ces deux concepts d'être – l'être en tant qu'entité logique, au sens large, un être toujours lié à une subjectivité, et l'être en tant qu'entité ontique, au sens strict, un être tout simplement indépendant –, notre auteur entend ici la renforcer en précisant les rapports qui les unissent. Pour ce faire, une analogie mobilisée. De même que, dans ce qui se nomme depuis 1763 la "preuve ontologique (*ontologischer Beweis*)" (Kant 1905, 161), l'existence de Dieu résulte nécessairement de l'analyse de son essence, de même ce que Sartre conçoit comme "la transphénoménalité de l'être" (Sartre 1943, 16) résulte nécessairement de l'analyse du phénomène d'être. Eu égard à ce qu'il est – "*aliquid quo nihil majus cogitari possit*" (Anselme 1992, 12) ou "*ens summe perfectum*" (Descartes 1904, 66-67) –, Dieu ne peut pas ne pas être. Eu égard à ce qu'il est – "apparition d'être, descriptible comme telle" (Sartre 1943, 14) –, l'être ne peut pas ne pas… disparaître. C'est que, pour Sartre, dont le raisonnement entend appliquer, sinon dupliquer la logique de la *ratio Anselmi* reprise par Descartes, sans d'ailleurs faire cas le moins du monde de l'objection que lui adresse Kant – celle selon laquelle la nécessité dans l'idée n'implique pas la nécessité dans l'effectivité –, le phénomène d'être en appelle invariablement à un être qui ne se donne pas en tant que phénomène, encore que toute phénoménalisation se profile sur le fondement de cet être qui conditionne une telle phénoménalité.

Anecdotique cette première référence de Sartre à Descartes ? Bien au contraire. D'abord, puisqu'il est question de l'appellation "ontologique", une épithète choisie par Kant pour désigner une preuve qu'il ne qualifiait, lui, que de "cartésienne"[8], sans doute parce que, formulée à partir de l'idée de parfait dès la quatrième partie du *Discours de la méthode* (Descartes 1902, 33 sq.)[9], elle l'était de manière plus positive que dans l'*Alloquium de Dei existentia*, le nom d'Anselme ne retient pas tant l'attention que celui qui le suit [Descartes]. Ensuite, puisqu'il va s'agir, pour justifier cette quête d'un être qui n'apparaît en aucun cas même si certains de ses caractères le font dans les requisits de toute apparition, d'attester qu'il y a bien

---

[8] Kant parle d'"*argumento Cartesiano*" (Kant 1902, 395), de "*cartesianischer [Beweisgrund]*" (Kant 1905, 162), comme du "*so berühmten ontologischen cartesianischen Beweis*" (Kant 1904, 403).

[9] Inutile de rappeler que l'on trouve là deux preuves de l'existence de Dieu à partir de la même idée, la première voulant que l'idée de parfait suppose l'existence d'un être parfait (Descartes 1904, 45 sq.), la seconde, que l'idée de parfait suppose sa propre existence (*id.*, 65 sq.).

quelque chose plutôt que rien et, dès lors, de fournir "une "preuve ontologique"" (Sartre 1943, 27)[10] à même d'enfin offrir à l'être la part qui lui revient, le nom de Descartes doit marquer l'esprit bien plus que celui qui le suit [Kant]. Tenons-nous le pour dit :

> La conscience est conscience *de* quelque chose : cela signifie que la transcendance est structure constitutive de la conscience ; c'est-à-dire que la conscience naît *portée sur* un être qui n'est pas elle. C'est ce que nous appelons la preuve ontologique. (…) La subjectivité absolue ne peut se constituer qu'en face d'un révélé, l'immanence ne peut se définir que dans la saisie d'un transcendant. On croira retrouver ici comme un écho de la réfutation kantienne de l'idéalisme problématique. Mais c'est bien plutôt à Descartes qu'il faut penser. Nous sommes ici sur le plan de l'être, non de la connaissance. (ibid., 28-29)

Reprenons, de *L'être et le néant*, le fil de l'introduction. Sartre ayant "borné la réalité au phénomène" (ibid., 16), le paraître ni ne s'oppose à l'être – il ne l'occulte pas –, ni ne l'impose – il ne le dévoile pas. L'être en fait, le paraître l'est. "Ce qu'il est" par conséquent, le phénomène "l'est absolument" et "il se dévoile *comme il est*", mais n'étant ni plus ni moins que ce qu'il est, c'est-à-dire un paraître, le phénomène "suppose par essence quelqu'un à qui paraître" en sorte d'être relativement à lui – d'où son statut, moins ambigu qu'ambivalent, de "relatif-absolu" (ibid., 12). Parce que l'être requiert donc la présence d'une instance à laquelle il se manifeste, c'est de la conscience que s'enquiert bientôt Sartre, en rappelant d'abord cette "idée fondamentale de la phénoménologie de Husserl" qu'il a déjà commentée avant-guerre : "l'intentionnalité" (Sartre 1947, 29-32), à savoir que toute conscience est conscience de quelque chose. Traduction : "toute conscience" est "une conscience non positionnelle d'elle-même" comme "conscience positionnelle d'objets" (Sartre 1943, 19).

Conscience positionnelle d'objets, la conscience l'est en ce qu'elle *pose* quelque chose qui, par là même, lui apparaît, le poser ne signifiant pas qu'elle le fait être, mais qu'elle se met à être à lui, au sens où elle se focalise sur ce qu'elle vise et s'épuise dans cette attention, dans son intention, tout entière absorbée qu'elle est par cet être dont les propriétés se révèlent à elle. Ce faisant, la conscience éclate dans le monde, elle se transcende au sens où elle se projette pour atteindre ce dont elle prend conscience. Dirigée vers l'extérieur, car concentrée sur l'objet, "la conscience n'a pas de "contenu"" et ce dernier ne peut être en elle, "même à titre de représentation" (ibid., 17). S'il n'est alors rien *dans* la conscience, c'est que la conscience n'est rien *en* soi, qu'elle n'est foncièrement pas une matière, mais seulement cette manière de se rapporter à l'être. Conscience non positionnelle d'elle-même, la conscience l'est en ce qu'elle *ne* se pose *pas* elle quand elle pose quelque chose, poser quelque chose signifiant pour

---

[10] Apprécions le paradoxe des guillemets dont Sartre affuble l'expression : une fois n'est pas coutume, ils n'indiquent pas que celle-ci est à prendre au sens figuré mais, à l'inverse, qu'elle est "à comprendre ici au pied de la lettre, comme une preuve qu'*il y a* véritablement de l'être" (Kremer-Marietti 2005, 25).

elle s'ouvrir à quelque chose qui n'est pas elle. Loin toutefois que la conscience ne puisse être conscience de soi, elle l'est toujours déjà, mais elle ne prend conscience d'elle qu'en tant qu'elle est conscience d'un objet qu'elle n'est pas. Son soi se résume d'ailleurs à cela. En ce sens, la "conscience de conscience" n'est pas à comprendre comme "une *idea ideae* à la manière de Spinoza", sans quoi la réduction de la conscience à la connaissance qui s'ensuivrait se solderait par "une régression à l'infini (*idea ideae ideae*, etc.)", ébranlant la conscience ontologiquement autant qu'épistémologiquement. Non, la conscience de soi s'avère un "rapport immédiat et non cognitif de soi à soi" (ibid., 18-19).

On l'aura compris, ce que Sartre nomme la "preuve ontologique" découle ainsi de ce que "la conscience en sa nature la plus profonde est rapport à un être transcendant" ou, pour le dire autrement, que "*la conscience est un être pour lequel il est dans son être question de son être en tant que cet être implique un être autre que lui*" (ibid., 27 et 29). La conscience atteste, démontre, vérifie la présence de l'existant parce qu'elle manifeste, montre, établit son existence au présent. Et s'il n'est évidemment d'objet que *pour* un sujet, l'idéalisme, pourtant, ne tient pas : il n'y a de conscience que comme conscience *de* quelque chose. Nombreux, bien sûr, sont ceux qui ont glosé cette preuve, certains saluant sa force – en tant que "preuve ontologique spontanée", présentée par une conscience qui, "s'affirm[ant] constamment", confirme continuellement l'être et offre ainsi de lui une garantie "d'un nouveau genre" (Theau 1977, 45 et 43) –, quand d'autres suggéraient sa limite – en tant que "preuve ontologique" contrariée, affectée par "la révélation de l'être de la conscience" qui, gageant qu'il n'est de conscience que parce qu'il y a de l'être, "joue le rôle inverse" du sien (Guigot 2007, 87) – ou signalaient sa faiblesse – en tant que preuve ontologique malmenée, lâchée finalement par une conception de la conscience qui, reposant sur "un grand nombre d'ambiguïtés, voire de paradoxes", ne "fait" pas "ses preuves" (Breeur 2007, 672). Ceci dit, d'aucuns se sont aussi bien étonnés que Sartre, l'athée, n'ait pas été "hostile" à ce motif central de la métaphysique chrétienne classique qu'est la preuve ontologique, et même qu'il l'ait "repr[is] à son compte" et s'en soit "rem[is] à [un] argument d[e ce] type" (Joannis 1997, 26-27). Mais a-t-on assez vu et finalement bien entendu que "ce que Sartre appelle la "preuve ontologique" (…) est la grande épreuve cartésienne du livre" (Verstraeten 1999, 19), autrement dit, au sens strict, le moment où Descartes est, par Sartre, mis à l'épreuve, comme, par métonymie, le lieu où Sartre corrige les épreuves de Descartes ?

Car le plus curieux à nos yeux réside en ceci : quand bien même "L'intentionnalité", dont les pages sont hantées par l'*ego* cartésien, s'est efforcée d'"évider" cette "structure dont la forme résist[ait], quoique vierge de contenus", la transcendance restant conçue à l'époque comme un "mouvement vers le monde" et non comme un "ébranlement" ou une "fissuration *interne* du sujet" ; quand bien même *La transcendance de l'ego* s'est employée à "liquider les derniers relents de cartésianisme" dont était encore lesté le sartrisme, en vantant les mérites de Kant et en reprochant à ses successeurs d'en "revenir" à son devancier dans l'hypostase de l'aperception, tandis que lui "entendait s'en détacher" (Coorebyter 2000, 82, 83 et 179) dans la désubstantialisation de la conscience ; dans *L'être et le néant*, et *a fortiori* dans l'Introduction qui en donne le ton, Sartre non seulement privilège Descartes à Kant, mais il s'appuie sur Descartes pour s'élever contre la critique faite par Kant de son *cogito* dont, plus que sauver la lettre, il faut à tout prix saisir l'esprit, ainsi que Roquentin le fait dans la "rumination douloureuse" (Sartre 1981, 119) de ce que l'existence pense et la pensée existe. Simple est la raison de ce revirement, moins changement d'avis que d'attitude au demeurant, "le *cogito* de Descartes" étant en effet "sollicité par Sartre tout au long de son œuvre comme la source intangible du fondement et de la légitimité de l'ensemble de ses analyses et affirmations théoriques" (Verstraeten 2013, 127). Le philosophe ne s'en cache pas : nous sommes avec Descartes en terre ontologique, non sur le terrain épistémologique où nous sommes avec Kant. Le sujet qui est le sien est existentiel, non transcendantal ; il est un élément factuel de la réalité, non une forme pure de la connaissance. Or, le traité de 1943 n'est plus, comme l'article et l'essai de 1934 – l'un paru en 1939 dans la *NRF*, l'autre en 1937 dans les *Recherches philosophiques* –, la participation d'un élève, puis d'un apprenti de la phénoménologie aux débats méthodologiques internes de ce qu'alors on pouvait encore croire une nouvelle école philosophique, mais la contribution personnelle d'un maître à penser inouï jusqu'ici qui, pour faire avancer la question parménidienne de l'être et du non-être, en revient à celui qui, de près ou de loin, a toujours été le sien. D'où, de Descartes, par-delà les usages déterminés qui en ont été faits par d'autres, un libre usage déterminant par Sartre dans lequel l'hommage ne va jamais sans différenciation.

La preuve, d'abord, dans les premières pages du livre. S'y fait jour une double opposition à Descartes, frontale, quand Sartre y affirme à la fois que l'essence de la conscience ne réside dans aucun substrat quel qu'il soit et qu'une relation non-réflexive à soi est nécessaire pour qu'existe une conscience réfléchie. Si l'auteur de "L'intentionnalité" et de *La transcendance de l'ego* formulait déjà ces deux points contre Descartes neuf ans plus tôt, il ne le nommait pas. Il le fait cette fois.

> Ainsi, en renonçant au primat de la connaissance, nous avons découvert *l'être* du connaissant et rencontré l'absolu, cet absolu même que les rationalistes du XVIIe siècle avaient défini et constitué logiquement comme un objet de connaissance. (…) En fait, l'absolu est ici non pas le résultat d'une construction logique sur le terrain de la connaissance, mais le sujet de la plus concrète des expériences. Et il n'est point *relatif* à cette expérience, parce qu'il *est* cette expérience. Aussi est-ce un absolu non-substantiel. L'erreur ontologique du rationalisme cartésien, c'est de n'avoir pas vu que, si l'absolu se

défini par le primat de l'existence sur l'essence, il ne saurait être conçu comme une substance. La conscience n'a rien de substantiel, c'est une pure "apparence", en ce sens qu'elle n'existe que dans la mesure où elle s'apparaît. Mais c'est précisément parce qu'elle est pure apparence, parce qu'elle est un vide total (puisque le monde entier est en dehors d'elle), c'est à cause de cette identité en elle de l'apparence et de l'existence qu'elle peut être considérée comme l'absolu. (Sartre 1943, 23)

À partir de l'idée selon laquelle la seule chose dont il peut être sûr est qu'il existe quand il pense parce qu'il pense, Descartes se définit lui-même comme une "*res cogitans*" (Descartes 1904, 27), soit "une substance dont toute l'essence ou la nature n'est que de penser" (Descartes 1902, 32 ; 1904b, 62). Or, la substantialité de la "pensée ou conscience" (Descartes 1899, 474) n'est pas sans au moins poser les deux problèmes majeurs que l'on sait : celui de sa continuité, qui suscite la question de Gassendi (Descartes 1904, 356) – *quid* de ses intermittences de ma conscience dans l'évanouissement, le sommeil, l'anesthésie, le coma si, en vertu de ce qu'elle est, ma pensée ne peut pas ne pas penser toujours ? –, et celui de son anonymat, qui explique la correction de Lichtenberg (Lichtenberg 1801, 95) – si je pense tout le temps mais que je n'en ai conscience que de temps en temps, n'est-ce pas que ce n'est pas moi qui pense en moi, mais que ça pense là malgré moi ? Substantialiser la conscience la fait m'échapper quand c'est par elle que je saisis le monde et moi avec lui – un comble ! C'est donc, pense Sartre après sa lecture de Husserl, que la conscience est le fait même que je saisisse le monde et moi avec lui, qu'il n'est ainsi pas de conscience qui pourrait être conscience de rien et, par là, que la conscience n'est rien en soi. Privée de toute consistance, voilà la conscience promue "absolu", elle qui est pourtant tout le contraire de l'"*ens summum*" (Anselme 1986, 66 ; Descartes 1904, 54, 67 et 69) ou "*ens realissimum*" (Kant 1904, 388) de la pensée classique, cause de soi et principe de tout ce qui est. Justement. Parce que la conscience est un néant, elle seule peut être l'absolu, parce qu'un "absolu d'existence, non de connaissance" (Sartre 1943, 23). Tel est l'unique moyen de surmonter l'aporie, entendue pour Sartre, de l'absolu qui, quand il est conçu positivement, se laisse penser, sinon connaître comme l'être… qu'il n'est précisément plus, relatif qu'il se fait bientôt à la saisie que l'on en fait. Et Kant a beau tenter de dégager l'absolu du régime noétique en le tenant pour une Idée de la raison plutôt qu'une catégorie de l'entendement, rien n'y fait : il faut, pour être sérieux, déroger à l'impérieux présupposé de la tradition selon lequel l'absolu se range du côté de l'être. Or, qu'il change de bord et, aussitôt, la difficulté se lève. S'il résiste à toute appréhension, le non-être n'en existe pas moins.

On voit alors jusqu'où Descartes peut être suivi, ainsi que là où il doit être repris pour Sartre. L'erreur qu'il commet dans la première déduction qu'il fait – réifier la *cogitatio* (Descartes 1902, 32) – n'altère pas la vérité qu'il reconnaît dans l'intuition originaire qu'il a –

partir du *cogito* (*id.*). Mais si le "cavalier français" (Péguy 1935, 59/Varaut 2002) fait fausse route sitôt par lui choisi le bon chemin, il n'y a, pour qui veut avancer sans s'égarer, qu'à rétrocéder d'un pas en restant surtout sur la même voie. Sartre s'exécute et l'avouera volontiers dans la dernière partie de son grand œuvre.

> Cette conscience, je disposais pour l'atteindre dans son existence même d'une expérience particulière : le *cogito*. Husserl et Descartes, Gaston Berger l'a montré, demandent au *cogito* de leur livrer une vérité d'essence : chez l'un nous atteindrons à la liaison de deux natures simples, chez l'autre nous saisirons la structure éidétique de la conscience. Mais, si la conscience doit précéder son essence en existence, ils ont commis l'un et l'autre une erreur. Ce qu'on peut demander au *cogito*, c'est seulement de nous découvrir une nécessité de fait. (Sartre 1943, 514)[11]

Ironie du sort, le moment précis où Descartes se trompe pour Sartre est donc celui-là même où, loin de relâcher sa vigilance après avoir tout révoqué en doute et acquis la certitude de son existence à partir de l'évidence de sa conscience, il redouble de prudence en se mettant en quête de l'essence de l'être qu'il est (Descartes 1904b, 19-20). L'ordre chronologique de la recherche qu'il mène sur lui eût dû cependant lui suggérer l'ordre ontologique valant pour lui : "l'essence est, pour la réalité humaine, postérieure à l'existence" et "l'existence précède et commande son essence" (Sartre 1943, 547 et 513)[12]. Découvrant là son idée clé, la véritable pensée de Sartre commence de ce fait où s'arrête la pensée vraie de Descartes – à partir du cinquième paragraphe de la *Méditation seconde*[13]. C'est que s'il faut bien démarrer du *cogito*, ce n'est pas pour "marcher aval", guidé par "la doctrine cartésienne de la substance [qui] trouve son achèvement logique dans le spinozisme" (ibid., 25), mais pour "grimper amont"[14],

---

[11] Sartre renvoie en note à "Gaston Berger : *Le Cogito chez Husserl et chez Descartes*, 1940". Si, comme tel, le livre n'existe pas, Sartre n'a pu que lire celui, au titre très proche, qui s'avère la thèse de doctorat de l'auteur puisque, dans *L'être et le néant*, il tient compte de la critique qui y est faite de son rejet, dans *La transcendance de l'ego*, de ce pseudo-habitant de la conscience qu'est le je au titre que la phénoménologie ne peut "se passer d'un centre de vision, d'un point de vue" (Berger 1941, 154). Et Sartre ne l'aurait-il pas lu qu'il eût pu en prendre connaissance par le truchement du compte rendu qu'en fait paraître Simone Weil, sous le pseudonyme anagrammatique d'Émile Novis (Weil 1941).
[12] Mais l'idée est acquise avant 1936 et reprise en 1946 et après, puisque l'homme est l'être "dont l'essence implique l'existence" (Sartre 1965, 66), dont "l'existence précède l'essence" (Sartre 1946, 17, 21, 24, 26, 36, 101), "chez qui l'essence est précédée par l'existence" (*ibid.*, 84), voire qui est l'"*être-devenu*, non conceptualisable", ayant "une histoire et non une essence" (Sartre 1971, 1151-1152).
[13] Nous corrigerons donc ici légèrement Pierre Verstraeten pour qui c'est "au terme de la seconde Méditation" selon Sartre que, "en cherchant désespérément un "être" à sa pensée", Descartes "trahi[t] l'inspiration" qui est la sienne et manque aux "promesses de sa découverte révolutionnaire de l'absoluité de 'la pensée se pensant'" (Verstraeten 2013, 128).
[14] Si la première de ces expressions est vieillie, la seconde est régionale – de l'ouest de la France, voire de l'Acadie. Reste qu'aucune n'est impropre.

inspiré par la quête cartésienne de l'indubitable qu'il s'agit désormais de diriger vers l'inconditionné.

Car "il y a un cogito préréflexif qui est la condition du cogito cartésien" (ibid., 20). Après le distinguo entre le phénomène d'être et l'être du phénomène, qui conduit Sartre à la mise en lumière de la nature du *percipere* et de celle du *percipi*, l'un renvoyant à un *perceptum* comme son complément d'objet, l'autre à un *percipiens* comme son complément d'agent, devient clair pour notre auteur que, dans l'apparence, quelque chose apparaît auquel celle-ci ne se réduit pas : la conscience. Pour bien discriminer ce dont il s'agit, notre auteur fait remarquer que la conscience, qui "peut connaître", n'est pas comme telle la conscience de soi, soit la conscience "qui peut se connaître" (ibid., 17), à tout le moins que les séparer se peut ou se doit, quoiqu'on ne le fasse pas, le *cogito*, pense-t-on, livrant certainement à ma conscience mon existence, autrement dit *me* livrant clairement et distinctement à *moi-même*, sans écart, sans retard. Mais si tel est le cas, si dans le "je pense", voire sitôt que je pense, l'adhésion de mon être et de ma pensée est totale, comment me saisirais-je moi sans la distance nécessaire pour ce faire ? Que ne me saisirais-je pas, au contraire, par l'intermédiaire de ce qui n'est pas moi ? Sans doute le *cogito* implique-t-il un rapport à soi mais, n'en déplaise à Descartes, ce rapport n'est pas cognitif. Et pour cause. Qui dit conscience ne dit pas forcément connaissance. Sartre s'en explique. D'abord, "toute conscience n'est pas connaissance (il y a des consciences affectives par exemple)", mais la conscience le serait-elle, qu'elle n'en serait pas moins, "en elle-même, autre chose qu'une connaissance retournée sur soi" (ibid.). Méfions-nous de l'expression. Attendu que "toute conscience connaissante ne peut être connaissance que de son objet", et attendu que le bon sens veut que "la condition nécessaire et suffisante" pour cela soit que la conscience "soit conscience d'elle-même comme étant cette connaissance" (ibid., 18), il y a, de fait, une conscience élevée au carré et il ne peut, de droit, y avoir de conscience qu'à ce prix. Toutefois, cette "conscience de conscience" n'est pas une "conscience "réflexive", mais une "conscience réfléchie" (ibid., 18-19). Or, pour Sartre, celle-ci est une conscience spontanée, simplement vécue, pour ainsi dire naïve, obnubilée par son objet dans lequel elle se fond, même si elle ne se confond pas avec ce qu'il est. Celle-là, en revanche, n'est pas seulement consciente, elle prend conscience simultanément de son objet, qu'elle distingue d'elle-même, en même temps que d'elle-même en tant que distincte de lui. Le thématisant lui, elle se fait thétique de soi. Reste que rien n'oblige à en arriver là. Ainsi, à compter les cigarettes dans mon étui, je sais que je compte – conscience réfléchie – mais ne me sais pas comptant – conscience réflexive. Bien sûr, il suffit que l'on me demande ce que je fais pour que je le sache – de même qu'il faut bien que je le fasse pour avoir conscience de le faire. Mais inutile pour moi de savoir comment je fais ce que je fais pour le faire et savoir que je le fais. Par conséquent, on ne peut être conscient de quelque chose sans être conscient de l'être. En ce sens, la conscience de soi – ou "conscience (de) soi" (ibid., 20), les parenthèses traduisant l'absence de la distance nécessaire à la connaissance de soi dans cette conscience qui n'est de soi que comme conscience de quelque chose – est le seul mode d'existence possible pour un sujet conscient.

S'ensuit, chez Sartre, un repli du réflexif sur le préréflexif, voire un reflux en vertu duquel, si le *cogito* conserve son rôle apocalyptique – me révéler un monde (je *suis*), de même que moi en lui (*je* suis) –, il l'assume dorénavant de manière extatique – faisant apparaître l'être du sujet comme dépendant de l'être de l'objet. Sa recherche de l'être fait donc à Sartre trouver le *cogito* de Descartes et le considérer comme à la fois la première pierre et la pierre de touche de toute entreprise philosophique. Voilà pourquoi c'est de lui qu'il part et, plus encore, qu'il s'empare pour s'imposer, c'est-à-dire s'opposer à ceux qui s'y sont laissés prendre en le prenant pour guide ou en s'en déprenant.

> Le cogito ne livre jamais que ce qu'on lui demande de livrer. Descartes l'avait interrogé sur son aspect fonctionnel : "Je doute, je pense" et, pour avoir voulu passer sans fil conducteur de cet aspect fonctionnel à la dialectique existentielle, il est tombé dans l'erreur substantialiste. Husserl, instruit par cette erreur, est demeuré craintivement sur le plan de la description fonctionnelle. De ce fait, il n'a jamais dépassé la pure description de l'apparence en tant que telle, il s'est enfermé dans le cogito, il mérite d'être appelé, malgré ses dénégations, phénoméniste plutôt que phénoménologue ; et son phénoménisme côtoie à chaque instant l'idéalisme kantien. Heidegger, voulant éviter ce phénoménisme de la description qui conduit à l'isolement mégarique et antidialectique des essences, aborde directement l'analytique existentielle sans passer par le cogito. Mais le "Dasein", pour avoir été privé dès l'origine de la dimension de conscience, ne pourra jamais reconquérir cette dimension. (ibid., 115)

Dans le viseur de Sartre ici, quatre cibles. La première est Descartes, si attaché à la fonction de son point d'Archimède – logique : un point de départ qui ne serait pas opératoire n'en serait pas un bon, donc n'en serait tout simplement pas un – que sa découverte est en même temps, mais n'est finalement que celle de son fonctionnement en sorte que, l'existence du "je pense" voulant que moi qui pense ait une existence, le moyen de toute certitude liminaire est également son objet nécessaire. La seconde est Husserl, si conscient de l'illusion substantialiste qui fait passer d'un sujet logique rendu possible par une opération mentale à une opération mentale rendant possible un sujet ontologique qu'il se cantonne à détailler de celle-ci les modalités et se tire ainsi une balle dans le pied : adieu les choses mêmes lorsqu'on n'accède jamais aux choses en soi. La troisième est Heidegger, si perspicace quant à l'écueil phénoméniste qu'il ne considère que ce qui est en tant qu'il est et le sait, sans pour autant connaître son être mais en s'y entendant d'emblée en la matière. Reste que, ne portant pas de savoir avec soi puisque seulement une précompréhension d'être dont on ignore ce qui la fonde, le *Dasein* n'est pas la conscience – *cum scire* –, qui disparaît avec lui. La dernière est Sartre lui-même qui, en faisant du *cogito* l'alpha de la pensée qu'il développe dans *L'être et le néant*, se met parfois en porte-à-faux avec celle qu'il a exposée auparavant. Cherchant par exemple à comprendre pourquoi la conjugaison à la première personne du *cogito* dans *La transcendance de l'ego* ne donne lieu à aucune justification, on pourra – on l'a pu en tout cas – supposer que Sartre y répète "le geste cartésien, au mépris des principes mêmes que *La transcendance de l'ego* oppose à Descartes : 1) [...] ne pas prêter à la conscience préréflexive les structures égologiques du réflexif [...] ; 2) ne pas exiger du cogito, "nécessité de fait" ou vérité d'existence, de "livrer une *vérité d'essence*" (Coorebyter 2000, 224). Mais faudra-t-il en déduire que "l'abrupte affirmation de l'individualité de la conscience serait la marque d'une fidélité indiscutée à Descartes, par basculement vers l'impensé ou par irruption d'une complicité axiologique aux racines psycho-biographiques" (ibid., 225) ? Non. Du reste, tentés de le faire d'emblée, certains se sont ravisés pour qui si, en définitive, "*L'être et le néant* impose une présence à soi individuée au fondement du cogito réflexif cartésien", c'est parce que, philosophiquement, "Sartre assume cet héritage" (ibid., 248). "Lignée" et "tradition cartésienne" il disait... Comprenons ainsi que, chez lui, il n'est pas de nouvel engagement en 1943 tant, depuis 1934, des identités subsistent, de même qu'il n'est pas davantage de simple rengagement depuis 1934 car, en 1943, des différences apparaissent. Dans son *opus magnum* en vérité, Sartre procède à l'égard de Descartes à un droit d'inventaire et opère en règle, relevant des qualités, révélant des défauts et faisant le bilan.

Côté qualités, il faut créditer Descartes d'avoir, dans le *cogito*, compris la contingence et même la facticité de la réalité humaine.

> Cette saisie de l'être par lui-même comme n'étant pas son propre fondement, elle est au fond de tout *cogito*. Il est remarquable, à cet égard, qu'elle se découvre immédiatement au *cogito réflexif* de Descartes. Lorsque Descartes en effet veut tirer profit de sa découverte, il se saisit lui-même comme un être imparfait, "puisqu'il doute". Mais, en cet être imparfait, il constate la présence de l'idée de parfait. Il appréhende donc un décalage entre le type d'être qu'il peut concevoir et l'être qu'il est. C'est ce décalage ou manque d'être qui est à l'origine de la seconde preuve de l'existence de Dieu. Si l'on écarte en effet la terminologie scolastique, que demeure-t-il de cette preuve : le sens très net que l'être qui possède en lui l'idée de parfait ne peut être son propre fondement, sinon il se serait produit conformément à cette idée. En d'autres termes : un être qui serait son propre fondement ne pourrait souffrir le moindre décalage entre ce qu'il est et ce qu'il conçoit, car il se produirait conformément à sa compréhension de l'être et ne pourrait concevoir que ce qu'il est. Mais cette appréhension de l'être comme un manque d'être en face de l'être est d'abord une saisie par le *cogito* de sa propre contingence. Je pense

donc je suis. Que suis-je ? Un être qui n'est pas son propre fondement, qui, en tant qu'être, pourrait être autre qu'il est dans la mesure où il n'explique pas son être. […] nous nous apparaissons avec les caractères d'un fait injustifiable. (Sartre 1943, 122)

Faisons retour à la fin de la *Méditation troisième* où, par Descartes, sont livrées deux premières preuves de l'existence de Dieu, l'une par l'étude de l'idée d'infini, l'autre par l'étude de la cause de mon existence. La première part du fait que je doute, qu'elle explique par la conscience d'un manque qui n'est possible qu'à avoir l'idée de plus parfait que moi qui suis un être fini, sinon à avoir l'idée d'infini. L'objection selon laquelle une telle idée pourrait n'être que le produit d'une synthèse de toutes les perfections que je vois en moi et que je conçois ne tient pas : ma perfection n'augmente jamais que par degré quand celle de Dieu est toujours tout ce qu'elle doit être. Aussi l'idée d'infini, idée primitive qui n'est pas la négation du fini puisque le fini n'est qu'une limitation de l'infini, vient-elle de Dieu qui, dès lors, existe. La seconde part de la question de savoir si je suis moi-même la cause de mon existence. La réponse est négative : le serais-je que je me serais donné toutes les perfections possibles et me conserverait dans l'être à chaque instant. Or, il n'en est rien. Sans être meilleur que moi, un autre être que moi ne ferait pas mieux. C'est donc que Dieu seul peut être à l'origine de mon être fini et la cause de la présence en moi de l'idée d'infini. Cette autre manière, chez Descartes, de poser l'existence de Dieu rejoint, on le voit, la première en posant la même difficulté, soit le problème de savoir comment un être qui n'a surtout pas assez d'être pour créer pareille idée peut malgré tout la trouver en lui. Mais par elle s'explicite aussi celui que je suis : un être fini, imparfait, limité, désirant être plus qu'il n'est parce que déficient précisément, sinon insignifiant, bref un être de manque dont le fait, à n'être pas de son fait, fait question. Soit, je suis. Mais n'eussé-je pas pu ne pas être et être autrement que je suis ? Telle est ma contingence. Or, je suis. Mais pourquoi le suis-je et pourquoi ainsi ? Telle est ma facticité, autrement dit la contingence de ma nécessité. Incapable de rendre raison de moi, je suis un fait nu et aveugle, toujours déjà là mais comme de trop dans un monde qui eût pu être sans moi et le fera sans mal quand je ne serai plus. Ainsi, dans le *cogito* de Descartes – *dans* le *cogito*, car si la découverte du "je pense" se fait avant Dieu, c'est la découverte de Dieu qui fait le "je pense", du moins sa permanence, ainsi que ma connaissance de mon type d'existence –, se voient compris les maîtres mots de la philosophie de Sartre.

Côté défauts, il faut reprocher à Descartes d'avoir, dans le *cogito*, conféré à la pensée dont il venait, avec le pour-soi, de deviner la qualité le caractère de ce qui lui est opposé, l'en-soi.

C'est bien cette nécessité de fait que Descartes et Husserl saisissent comme constituant l'évidence du cogito. Nécessaire, le pour-soi l'est en tant qu'il se fonde lui-même. Et c'est pourquoi il est l'objet réfléchi d'une intuition apodictique : je ne peux pas douter que je sois. Mais en tant que ce pour-soi, tel qu'il est, pourrait ne pas être, il a toute la contingence du fait. [...] [Mais] il ne faut pas confondre la facticité avec cette substance cartésienne dont l'attribut est la pensée. Certes la substance pensante n'existe qu'autant qu'elle pense et, étant chose créée, elle participe à la contingence de l'*ens creatum*. Mais elle *est*. Elle conserve le caractère d'en-soi dans son intégrité, bien que le pour-soi soit son attribut. C'est ce qu'on nomme l'illusion substantialiste de Descartes. Pour nous, au contraire, l'apparition du pour-soi ou événement absolu renvoie bien à l'effort d'un en-soi pour *se* fonder : il correspond à une tentative de l'être pour lever la contingence de son être. (ibid., 126-127)

Faisons cette fois retour au début de la *Méditation seconde* où Descartes entend statuer sur "la nature de l'esprit humain" (Descartes 1904b, 18). À la question "que suis-je ?", qui suit l'établissement du fait que je suis par le fait que je pense, ne peut être répondu par le corps, sa réalité ayant été révoquée en doute. Qu'à cela ne tienne, il l'est par l'âme, réduite à la pensée, seule faculté à résister au doute justement parce que le doute est un exercice de la pensée. Mais cette pensée qui, jusque-là, fonctionnait bien car pensait à plein, s'interrogeant sur les fondements de nos opinions fausses – les sens –, suspectant l'existence des objets sensibles de manière méthodique – argument de la folie, argument du rêve –, soupçonnant les essences mathématiques de manière hyperbolique – argument du Dieu trompeur, hypothèse du malin génie –, en vient à dysfonctionner de penser à vide ou, plutôt sur du vide, elle qui *se* pense bientôt et se pose comme une chose qu'elle n'est pas, "une chose qui pense", "c'est-à-dire une chose qui doute, qui conçoit, qui affirme, qui nie, qui veut, qui ne veut pas, qui imagine aussi, et qui sent" (ibid., 22). À même tout à l'heure de "sécréter un néant qui l'isole" (Sartre 1943, 61) jusqu'à l'*annihilatio mundi*, elle se fige désormais dans l'être, réifiée qu'elle est, comme pétrifiée d'avoir croisé dans le miroir de la réflexion ses propres yeux de Méduse. D'emblée pour-soi, soit cette conscience qui, consciente de quelque chose, ne peut elle-même être quelque chose de sorte que son être se définit comme étant ce qu'il n'est pas et comme n'étant pas ce qu'il est, elle n'en est pas moins, à l'arrivée, en-soi, soit ce phénomène massif si plein de lui-même qu'il n'entretient essentiellement aucun rapport avec ce qui n'est pas lui. Aussi Descartes met-il bien le doigt, dans le *cogito*, sur la conscience telle qu'il faut commencer par l'entendre avec Sartre, une conscience tournée vers le monde qui nous révèle l'être en même temps que le sien, mais toujours de manière irréfléchie en tant que conscience (de) soi, en l'occurrence existence ou épreuve vécue d'un rapport aux choses qui possède une dimension sensible. N'en demeure pas moins qu'il écarte bientôt d'un revers de main ce vers quoi, avec Sartre, il faut tendre lorsqu'on pense la conscience, une conscience spontanée même si capable de réflexivité, impersonnelle même si strictement individuelle, jamais identique à soi mais si toujours physique. Car, pour Sartre, la conscience est corps en tant que le corps est la chair de sa sensibilité. S'ensuit que oui, toutes les remarques de *L'être et le néant* sur la nature de la conscience "vont à l'opposé des données du *cogito* cartésien. "L'âme est plus aisée à connaître que le corps", disait Descartes" (ibid., 368).

Quant au bilan, il pourrait s'exprimer en disant que, comme tout un chacun, Descartes a le défaut de ses qualités, si bien que même en rabattant le pour-soi sur l'en-soi, il nous montre la voie quand il s'agit de penser cette distinction au fond moins hégélienne qu'on ne le croit – le serait-elle qu'elle s'accompagnerait d'un processus dialectique dans lequel le pour-soi serait un moment de l'en-soi, lui-même moment de l'en-soi-pour-soi ; ce qui n'est pas le cas chez Sartre, le pour-soi aspirant certes à être un être conscient de soi doté de la plénitude d'être de l'en-soi, mais ne pouvant y parvenir, en fait comme en droit. En somme:

> Nos recherches nous ont conduits au sein de l'être. Mais aussi elles ont abouti à une impasse puisque nous n'avons pu établir de liaison entre les deux régions d'être que nous avons découvertes. C'est sans doute que nous avions choisi une mauvaise perspective pour conduire notre enquête. Descartes s'est trouvé en face d'un problème analogue lorsqu'il dut s'occuper des relations de l'âme avec le corps. Il conseillait alors d'en chercher la solution sur le terrain de fait où s'opérait l'union de la substance pensante avec la substance étendue, c'est-à-dire dans l'imagination. Le conseil est précieux : […] ce qu'on peut retenir, c'est qu'il ne convient pas de séparer d'abord les deux termes d'un rapport pour essayer de les rejoindre ensuite : le rapport est synthèse. (ibid., 37)

De bon conseil, Descartes l'est tellement dans *L'être et le néant* que c'est à y écouter rappelés ceux qu'il donne que l'on comprend combien, sauf de lui, Sartre n'en reçoit de personne.

*

"Lignée" et "tradition cartésienne", on l'a dit avec Sartre, qui le disait de lui pour dire son rapport à Descartes, un rapport qui dans le traité de 1943, on l'a vu, est synthèse en effet. Synthèse non seulement parce que *Sartre aborde Descartes* en procédant du simple au complexe, de la cause – le *cogito*, donc la conscience et la contingence – aux effets – avec l'*ego* le temps et l'autre, de même que la liberté et les passions –, mais encore, sinon d'abord parce que *Sartre absorbe Descartes* en rassemblant aussi bien sa pensée que celles qui l'ont pensée, en intégrant aussi bien ses idées – le *cogito*, donc l'exigence d'un et l'évidence du point zéro – que celles de ceux qui les ont corrigées – la critique, relayée par Husserl, de la chositéité du *cogito* est assimilée dans la défense de son intentionnalité ; la découverte, accomplie par Heidegger, d'une précompréhension avant toute réflexion est incorporée dans la préréflexivité de la conscience. En ce sens, le cartésianisme de Sartre crève les yeux dans son œuvre majeure. Mais cette couleur prise par sa philosophie n'en est pas une parmi d'autres qui, parce que plusieurs, finiront par s'annuler pour laisser éclater la teinte et le ton propres au sartrisme[15]. Non. Les coloris de la phénoménologie historique ressortissant au camaïeu, grâce à tout son talent et malgré tout son génie, Sartre fait ici dans la nuance. Et pour cause. Si ""nous sommes embarqués"" (Sartre 1948, 123)[16], Sartre l'est avec nous, et si c'est par Descartes que Husserl et Heidegger sont menés en bateau, Sartre l'est autant qu'eux. "Dans le bain" cartésien, Sartre y a été jeté bébé, ce qui fait "perdre toute valeur" à son "engagement" en 1944 – *a fortiori* à son rengagement –, "réduit soudain au fait le plus banal, au fait du prince et de l'esclave, à la condition humaine" (*id.*). À la condition humaine ? Assurément. L'homme-philosophe que devient Sartre est le même que le philosophe-homme que dépeint Descartes, un être qui se sait être avant de savoir quel être il est, un être que l'existentialisme décline sous la forme de l'individu, en droite ligne du cartésianisme qui le décline sous la forme du sujet.

Dr. Christophe Perrin, FNRS-Université catholique de Louvain/
Stanford University, ch-pe[at]orange.fr

Références

Anselme. *Monologion de Divinitatis* (1075). Paris : Cerf, L'œuvre d'Anselme de Cantorbéry, 1986. T. 1.

Anselme. *Proslogion seu Alloquium de Dei existentia* (1078). Traduit par Alexandre Koyré (1930). Paris : Vrin, Bibliothèques des textes philosophiques, 1992.

Aubenque, Pierre. "Alain lecteur d'Aristote". In : Robert Bourgne (éd.). *Alain lecteur des philosophes de Platon à Marx*. Paris : Bordas, 1987. 27-38.

Beauvoir, Simone de. *La cérémonie des adieux,* suivi de *Entretiens avec Jean-Paul Sartre*. Paris : Gallimard, Blanche, 1981.

Berger, Gaston. *Le Cogito dans la philosophie de Husserl*. Paris : Aubier, Philosophie de l'esprit, 1941.

Breeur, Roland. "La preuve ontologique : Sartre et la conscience de l'être". *Revue philosophique de Louvain* Vol. 105, Nr. 4 (2007) : 659-677.

Brunschvicg, Léon. *Descartes*. Paris : Rieder, Maîtres des littératures, 1937.

Brunschvicg, Léon. *Descartes et Pascal, lecteurs de Montaigne*. Neuchâtel : La Baconnière, 1942.

Brunschvicg, Léon. *Pascal*. Paris : Rieder, Maîtres des littératures, 1932.

---

[15] C'est là la suggestion récente de Thomas R. Flynn pour qui si "*Sartre's "Cartesianism" cames to the fore with his appeal to consciousness and, specifically, to the trademark* Cogito *(I think) that sets Descartes' philosophy in forward motion*", reste que "*Sartre is Cartesian as he is Husserlian and Heideggerian (or later Marxist) ever in his own way*" (Flynn 2014, 179).

[16] Nous citons Sartre citant Étiemble citant Pascal, s'embarquer dans une citation signifiant à quel point, justement, on se sait embarqué.

Brunschvicg, Léon. *Spinoza*. Paris : Alcan, Bibliothèque de philosophie contemporaine, 1894.

Cohen-Solal, Annie. *Sartre 1905-1980*. Paris : Gallimard, Folio essais, 1985.

Contat, Michel et Michel Rybalka. *Les écrits de Sartre. Chronologie, bibliographie commentée*. Paris : Gallimard, Blanche, 1970.

Coorebyter, Vincent de. *Sartre face à la phénoménologie. Autour de "L'Intentionnalité" et de "La transcendance de l'Ego"*. Bruxelles : Ousia, 2000.

Descartes, René. *Correspondance (janvier 1640-juin 1643)*. In : *Œuvres de Descartes*. Paris : Cerf, 1899. T. 3.

Descartes, René. *Discours de la méthode* (1637). In : *Œuvres de Descartes*. Paris : Cerf, 1902. T. 6.

Descartes, René. *Meditationes de prima philosophia* (1641). In : *Œuvres de Descartes*. Paris : Cerf, 1904. T. 7.

Descartes, René. *Méditations* (1647). In : *Œuvres de Descartes*. Paris : Cerf, 1904. T. 9.

Flynn, Thomas R. *Sartre. A Philosophical Biography*. Cambridge : Cambridge University Press, 2014.

Gilson, Étienne. *Études sur le rôle de la pensée médiévale dans la formation du système cartésien*. Paris : Vrin, Étude de philosophie médiévale, 1930.

Gilson, Étienne. *Index scolastico-cartésien*. Paris : Alcan, Collection historique des grands philosophes, 1913.

Gilson, Étienne. *La liberté chez Descartes et la théologie*. Paris : Alcan, Bibliothèque de philosophie contemporaine, 1913.

Gilson, Étienne. *René Descartes. Discours de la méthode, texte et commentaire*. Paris : Vrin, 1925.

Giovannangeli, Daniel. "Spinoza". In : François Noudelmann et Gilles Philippe (éds.). *Dictionnaire Sartre* (2004). Paris : Champion, Champion Classiques, 2013. 473-474.

Glucksmann, André. *Descartes, c'est la France*. Paris : Flammarion, 1987.

Goscinny, René et Albert Uderzo. *Le tour de Gaule d'Astérix*. Paris : Hachette, 1965.

Guigot, André. *Sartre. Liberté et histoire*. Paris : Vrin, Bibliothèque des philosophies, 2007.

Joannis, David Guy. *Sartre et le problème de la connaissance*. Sainte-Foy : Presses de l'Université Laval, 1997.

Kail, Michel, "Sartre lecteur de Descartes". *Les Temps modernes* Nr 531-533 (1990) : 474-503.

Kant, Immanuel. *Der einzig mögliche Beweisgrund zu einer Demonstration des Daseins Gottes*. In : Immanuel Kant, *Vorkritische Schriften II: 1757-1777.(Kants gesammelte Schriften, Bd. II)*. Berlin : de Gruyter, 1905.

Kant, Immanuel. *Kritik der reinen Vernunft (2. Aufl. 1787), Kants gesammelte Schriften*. Berlin : de Gruyter, 1904.

Kant, Immanuel. *Principiorum primorum cognitionis metaphysicae nova dilucidatio*. In : Immanuel Kant, *Vorkritische Schriften I: 1747-1756, Kants gesammelte Schriften*. Berlin : de Gruyter, 1902. 385-416.

Kremer-Marietti, Angèle. *Jean-Paul Sartre et le désir d'être. Une lecture de* L'être et le néant. Paris : L'Harmattan, Commentaires philosophiques, 2005.

Lavillatte, Bruno. *Tu sais ce qu'il te dit, Môssieu Astérix ?* Cergy-Pontoise : In Libro Veritas, 2009.

Lichtenberg, Georg Christoph. *Vermischte Schriften*. Göttingen : Dieterich, 1801. T. 2.

Lorquet, Pierre. "Jean-Paul Sartre ou l'interview sans interview". *Mondes nouveaux* Nr. 2 (21 décembre 1944).

MacIntyre, Alasdair. "Existentialism". In : Paul Edwards (éd.). *The Encyclopedia of Philosophy*. New York : Macmillan, 1967. T. 3. 147-154.

Péguy, Charles. *Note conjointe sur M. Descartes et la philosophie cartésienne*. Paris : Gallimard, 1935.

Perrin, Christophe. "Du poêle au divan : analyses cartésiennes et psychanalyse sartrienne". *Sartre Studies International* Vol. 19, Nr. 2 (2013) : 1-26.

Perrin, Christophe. "Sartre et le problème des passions libres". *Revue de Métaphysique et de Morale* (à paraître).

Sartre, Jean-Paul. *Carnets de la drôle de guerre (1939-1940)*. In : Jean-Paul Sartre. *Les Mots et autres écrits autobiographiques*. Paris : Gallimard, Bibliothèque de la Pléiade, 2010. 143-651.

Sartre, Jean-Paul. Interview inédite par John Gerassi du 12 mars 1971. Nr. 7, $f°$ 190/296.

Sartre, Jean-Paul. *La nausée* (1938). In : Jean-Paul Sartre. *Œuvres romanesques*. Paris : Gallimard, Bibliothèque de la Pléiade, 1981.

Sartre, Jean-Paul. *La transcendance de l'ego. Esquisse d'une description phénoménologique* (1936). Paris : Vrin, Bibliothèque des textes philosophiques, 1965.

Sartre, Jean-Paul. *L'être et le néant*. Paris : Gallimard, Bibliothèque des Idées, 1943.

Sartre, Jean-Paul. "Une idée fondamentale de la phénoménologie de Husserl : l'intentionnalité" (janvier 1939). In : Jean-Paul Sartre. *Situations, I. Essais critiques*. Paris : Gallimard, Blanche, 1947. 29-32.

Sartre, Jean-Paul. *L'existentialisme est un humanisme* (1945). Paris : Nagel, Pensées, 1946.

Sartre, Jean-Paul. *L'Idiot de la famille*. Paris : Gallimard, Bibliothèque de Philosophie, 1971. T. 2.

Sartre, Jean-Paul. "Qu'est-ce que la littérature ?" (1947). In : Jean-Paul Sartre. *Situations, II. Littérature et engagement*. Paris : Gallimard, Blanche, 1948. 55-330.

Sartre, Jean-Paul. *Retour sur les "Carnets de la drôle de guerre"*. In : Jean-Paul Sartre. *Les Mots et autres écrits autobiographiques*. Paris : Gallimard, Bibliothèque de la Pléiade, 2010. 905-963.

Seel, Gerhard. *Sartres Dialektik: zur Methode und Begründung seiner Philosophie unter Besonderer Berücksichtigung der Subjects-, Zeit- und Werttheorie*. Bonn : Bouvier, Abhandlungen zur Philosophie, Psychologie und Paedagogik, 1971.

Spinoza, Baruch. *Éthique*. Traduction inédite du comte Henri de Boulainvilliers, publiée avec une introduction et des notes par François Colonna d'Istria. Paris : Colin, 1907.

Theau, Jean. *La philosophie de Jean-Paul Sartre*. Ottawa : Éditions de l'Université d'Ottawa, Philosophica, 1977.

Varaut, Jean-Marc. *Descartes. Un cavalier français*. Paris : Plon, 2002.

Verstraeten, Pierre. "Descartes". In : François Noudelmann et Gilles Philippe (éds.). *Dictionnaire Sartre* (2004). Paris : Champion, Champion Classiques, 2013. 127-130.

Verstraeten, Pierre. "Occurrences cartésiennes dans l'Introduction de *L'être et le néant*". *Études sartriennes* Nr. 7 (1999) : 17-38.

Weil, Simone. "La philosophie". *Cahiers du Sud* Nr. 235 (1941) : 288-294.

WESLEY FATE GUNTER (New York)

Crossroads of Literature: Sartre versus the New Novelists

Abstract

The following article aims to present the debate around the question "Que peut la littérature?" between the partisans of commited litterature like Sartre, on the one side, and some defenders of Nouevau Roman like Ricardou, on the other. Some of the major arguments of the debate will be outlined in order to show that it essentially ends up being a conversation between Ricardou and Sartre, with the intent to sort out what issues are really at stake. Also the question will be elucaded why Sartre felt the need to return to some of his earliest arguments when he had evolved on so many points.

Keywords: Jean-Paul Sartre, Jean Ricardou, literature, commitment, work of art, language, writer, reader

Fifty years ago, on December 9 in the Mutualité in Paris, the communist student magazine *Clarté* organized a debate around the question "Que peut la littérature?" featuring Jean-Paul Sartre, Simone de Beauvoir, and Jorge Semprun on the side of committed literature and Jean Ricardou, Jean-Pierre Faye, and Yves Berger on the opposing side. Ricardou and Faye were both on the editorial board of *Tel Quel* and were considered defender of the Nouveau Roman. As the editor of *Clarté* and the organizer of the debate, Yves Buin, states in his opening remarks, the debate was conceived as a means of aligning the French Communists with one goal of the recent Congresses of the Communist Party of the Soviet Union, namely: "The critique of dogmatism in all its forms and most specifically dogmatism with regard to sectarian positions on art and culture." (Hallier 1965, 18) He rejects the tendency to reduce literature to ideology or to make it serve any sort of political agenda, communist or otherwise, and says that absolute respect must be given to the autonomous development of art, whose fundamental condition is total freedom with regard to the means and form of creation.

Last fall, the *Nouvelle Revue Française* dedicated its September issue to the fiftieth anniversary of the debate in which Sartre's lecture was republished for the first time since the original publication of the entire debate in 1965. Editor Philippe Forest signals Buin's important claim that, despite being opposed on aesthetic grounds, none of the respondents doubted literature's ability to change the world or at least to act upon it. The real question was how it does this. Toril Moi published an article in 2009 on Simone de Beauvoir's lecture in the debate. For her, the importance of the entire discussion was that it came at an important historical juncture. "In December 1964 it was by no means clear that Ricardou and Faye represented the future of French intellectual life. On the contrary: Beauvoir and Sartre probably never enjoyed greater fame and recognition than at that moment. In the spring Sartre published *Les mots*. In October he was awarded the Nobel Prize for Literature, which he refused. In fact, the debate took place the same week that the Nobel Prizes were awarded in Stockholm." (Moi 2009, 190) In the NRF issue Philippe Forest laments the small amount of attention the conference has received since its initial publication. In fact, the debate has not been republished since 1965 and it has never been translated into English. But perhaps this should not come as a surprise as far as Sartre's role is concerned because even Sartre scholars have dismissed the importance of the conference. According to Contat and Rybalka "[Sartre's] lecture, with its repetition and overwhelming abstraction, is certainly not one of his best, Sartre defends himself against the attacks leveled against him by focusing on the reader and not on language and redefines the relationship between the reader and the work." (Louette 2014, 35)

    What I would like to do here is outline some of the major arguments of the debate, which essentially ends up being a conversation between Ricardou and Sartre, with the intent to sort out what issues are really at stake. I am also intrigued by why Sartre felt the need to return to some of his earliest arguments when he had evolved on so many points. And what I find most surprising is how much the Sartre of *L'Imaginaire* haunts the entire debate. The other respondents frequently refer to literature as another world, different yet similar to the real, that fascinates the reader. It seems in many ways that the younger generation absorbed the ideas in that book and also in Blanchot and now Sartre finds himself speaking to a younger version of himself. In fact, Ricardou never refers to literature as an absolute and makes continual references to its power to question and contest the real. He even states at the end of his lecture that he chose his original publishing house because it had published Henri Alleg's *La Question* and because the act "donner à lire" (giving something to read) implies "permettre de lire" (allowing one to read), which I am taking to mean that writing and reading must necessarily involve human freedom. This makes Sartre's choice to lead with a discussion of the reader even more surprising. Perhaps Ricardou is out-Sartre-ing Sartre on literature's relationship to the real all the while preserving the creative autonomy of the author? We should also remember one more thing that haunts the debate and that is Sartre's interview in *Le Monde* in April of that year where he made several incendiary remarks about literature: "I saw children dying of hunger. In the face of a dying child, Nausea carries no weight. What does literature mean in a world of hunger?" And also "Do you believe that I can read Robbe-Grillet in an under-developed country? (…) I think he's a good writer but he writes for the comfortable bourgeois."

Ricardou begins his lecture by setting aside the question "What can literature do?" on the grounds that this question implies that the prior and more fundamental question of "What is literature?" has been sufficiently answered. In an interesting move, he then proceeds to take issue with some of the concepts in Sartre's 1948 essay "What is literature?" a text that was already 16 years old that point. And what is even more interesting, as we will see, is that Sartre allows himself to be dragged back into that old debate using the old terms as if he had not evolved on certain issues and had not written, for example, *Orphée Noir*, *Saint Genet*, or *Les mots*.

After briefly invoking Sartre to let the audience know that his lecture will be mainly a critique of committed literature as it is theorized in "What is literature?" he immediately switches to a discussion of Barthes's notions of the *écrivant* and the *écrivain*. The *écrivant* is the writer who considers language as a means of communication, a vehicle for a message rather than an end in itself. He says that the *écrivant* is also an *informateur* and that he is concerned with information rather than literature. The *écrivain*, on the other hand, is concerned with language itself. He does not write to communicate information, he simply writes. And what he writes is called literature. Ricardou then maps the *écrivain/écrivant* distinction onto Sartre's opposition between the poet and the prose writer in "What is literature?" Ricardou's point in doing this, he explains, is to show that we sometimes talk about the same things using different terms and different things using the same terms. He then goes on to explain : "Therefore we see that what I propose to call literature, Sartre calls poetry, and what I call the domain of the *écrivant* or *information*, he calls literature." (Hallier 1965, 54) While Ricardou insists that he might be splitting hairs, referring to this question of terms as "byzantine minutae," he insists that what is at stake in this debate is not far from this question of terms. His main point is that he wants to save literary prose and the novelist, which he considers to have more in common with poetry than anything resembling an *écrivant*, from being sullied by Sartre's notion of the prose-writer.

While it may be easy to equate Sartre's poet with Barthes' and Ricardou's use of the term *écrivain*, I would argue that it is not so easy to reduce Sartre's prose writer to the *écrivant* but for more basic reasons than Sartre himself gives in the 1965 interview "L'écrivain et sa langue," where he says that all writing involves some overcoming of these two oppositions. While it is true that Sartre's prose writer is more focused on language as a tool rather than language as an end in itself the real issue at stake is that of communication and the extent to which the writer succeeds at communicating. Sartre states at the beginning of "For whom does one write?" part three of "What is Literature?", that the preceding explanation of the prose writer is an ideal that remains abstract given the current historical situation. Literature, being comprised of language, which is universal, should in theory be accessible to all but in practice it is not because of certain adverse material conditions. What is more pertinent to the topic of "What can literature do?" is Sartre's brief outline of the history of literature, not for its value as information, but for its demonstration of how language develops historically. This idea of literature considers the historical situation of the writer and the reader and asks who is communicating with whom, who has the ability to communicate, to what extent is there failure or success, and what exactly is being communicated. If there is an essence of literature for Sartre, it is the equivalent of what it does. In times where literature realizes itself successfully, there is progress toward the liberation of oppressed groups, whether it be the rising bourgeois class of the 18th century or black Americans during Jim Crow, literature works because it is read by members of different and often opposing social groups. Literature, viewed here as the expression of subjective lived experience, must be read and understood, or at least grasped through the powers of the imagination in order to bring about a greater understanding and work towards eliminating social barriers.

Sartre gives the example of Richard Wright, whom is said to be understood more or less implicitly by his black readership, which shares a common situation of oppression, as opposed to his white audience, which struggles to understand. Does this mean that for Wright's black audience his work more literary because communication is more successful? Or is it less literary because it is understood implicitly and not with the imagination? As for his white audience, can it be said that Write communicates with them? "They have not lived through what he has lived through. They can understand the negro's condition only by an extreme stretch of the imagination and by relying upon analogies which at any moment may deceive them." (Sartre 1948, 87) In order for literature to do what Sartre says it does historically, working toward overcoming oppositions, then it must involve the successful communication of something that is inherently difficult to communicate: difficult, but not impossible, for Sartre seems to believe unwaveringly throughout his career that no subjective experience is truly incommunicable. As far as this conception of literature is concerned, there is no need to do as Ricardou does and separate literature's essence from its potential, for Sartre what literature is is synonymous with what it does.

This may not sound revolutionary, but it certainly adds nuance to the dismissive equation of Sartre's prose writer and the *écrivant*. This kind of communication does not subordinate the work of art to any particular message and does not necessarily involve the transmission of information. The message is the literature itself, communication that overcomes the self-other conflict in *Being and Nothingness*. Sartre says that he would rather bury literature with his own hands than make it serve ends which utilize it. In a certain sense, I believe that Sartre's conception of literature evolves to become more in line with Ricardou's statement that "...if the writer has nothing to say before he writes his book, this does not in any way mean that the book, itself, says nothing." (Hallier 1965, 57) Of course the Sartre of "What is Literature?" would not agree with the idea of literature as silence, but probably only on polemical grounds. At the end of his lecture he even refers to literature as "the silence that surrounds language." (Ibid., 121) Where Ricardou is justified in his argument is when he points out the tendency of committed literature to privilege certain subjects over others. He argues that if the essence of literature is situated in language and if the subject of the book is its own composition, then there can be no hierarchy of subjects : "...the death of one man or ten thousand has no more importance than the evolution of a cloud, nor any less." (Ibid., 56) Sartre's preference for a literature of experience does not seem to include much room for the objective viewpoint and formalism of the New Novel.

Ricardou's last line of attack involves the relationship between literature and the physical world. As I mentioned earlier, the proponents of the New Novel, while maintaining their opposition to the idea of commitment, willingly admit that there is an important relationship between literature and the real, which has long been a central tenet of committed literature. Ricardou outright rejects any theory of art for art and suggests that the literary is an aspect of man's existence that is always present and that allows us to see our reality for what it is. Toward the end of his lecture he returns to the more fundamental question of language and says that while language does not necessarily correspond to the physical structure of the world, it nonetheless allows for the creation of a world of fiction whose very existence opposes and questions the physical world.

Jean-Pierre Faye takes a more basic approach and defends the New Novel's ability to explore the basic structure of language to reveal how our reality, is given to us: "Literature (or the novel) can no doubt do anything – nothing besides show how signs are spoken to us. Literature is the ability to say by which signs reality is presented to us." (Ibid., 72) While this sounds similar to Sartre's original claim in "What is Literature?" that literature shows us the present, for Faye, this reality is a product of language itself and is more a determining feature of language rather than something we can control as committed literature would have it. Yves Berger, whose general position leans more toward art for art's sake, agrees that while literature does nothing on its own outside of the acts of reading and writing, another very Sartrean idea, the experience of the imaginary leaves an impression on the reader that continues in reality. "Literature can do nothing because in the best case scenario, that is to say, when books succeed, are praiseworthy for their literary merit, the images give us the real in themselves, and that makes the real seem depressing, but we have to return to the real because, of course, we have to live." (Ibid., 100) Berger's notion that literature allows the reader to detach from the real recalls Sartre's argument in *L'Imaginaire* whereby the imagination allows us to posit the world as a totality that can then be negated by the image. The world appears as world because of consciousness's ability to imagine.

For Sartre, the power of literature is inextricably linked to the power of the imagination to negate the real in a move that produces a mirror world, or "irreal" irréel. Literature must differ enough from reality in order to be seen as literature but retain enough similarities that it can create what he calls in his lecture, "something homologous to reality." The possibility of literature's existence allows the reader to be present to a world that does not exist at the same time that it shows him his world for what it is. "...I only wanted to say that we must know what will be the meaning that the reader looks for by means of the book. Yet, I believe this meaning must be one that the doesn't have in his own life; something escapes him, he has words at his disposal, like any other, but there is something that escapes him in his life since he is looking for something in books." (Sartre 2014, 30)

All of the uncommitted writers seem to be in agreement that literature constitutes a world that is different and separate from reality but that its power comes from the ability to contest the real and allows the writer and reader access to a different world which he can then compare to reality. For Ricardou, man's capacity for literature is exactly what makes a world of hunger appear to us as scandalous. Arguably, this is not far from what Sartre defines at the end of his lecture as literature's power to give *a meaning* to the world, not *the* meaning but *a* meaning. Nonetheless, Sartre finds that the respondents on the opposing end commit an error when they define literature as an absolute, even though I think he is the only one who speaks of it in those terms, because it treats the reader as a means rather than a creative collaborator. He rejects Berger's equation of literature with a dream, and for that matter anything having to do with death (as in Blanchot) or memory (as in Proust) : "Yet, nothing is more false, for the majority of literary works, for first of all creation is temporalized, and then the work of art is not a dream, it is work ; therefore it is engaged in a struggle with reality, a reality that is perfectly verbal, as I acknowledged, but that nonetheless offers the most staunch resistance." (Hallier 1965, 115)

Perhaps what is most central to this debate but never made explicit is the question of language and its relationship to reality. As literature is made up of language, then any debate about literature's power also necessarily involves a discussion of language and how it relates to the world. For Ricardou, the physical world is structurally different from reality, while for Sartre it is perfectly verbal. I would argue that this has everything to do with why Sartre begins his lecture with a discussion of the reader, because it is the reader who lends his perception to the creation of the literary work and whose perception of the real is shaped by language. This entire process, which I believe is similar to what Sartre calls the dialectic of the real and the imaginary, reflects the true power of literature. However, it is also a willingness on his part to ignore the common ground which all of the authors share when he begins: "What does that mean today, the statement 'the literary work is its own end, its own lesson'? That means that you, readers, you are only a means; that means that the act of reading is only serves to close the circuit ('boucler la boucle')." (Ibid., 110) Even if the respondents believe literature to be an absolute, it is not an absolute that plays no role in the real. If all are in agreement that the power of literature involves both writers and readers, whose experience of the literary helps define reality, how do we really tell if the reader is being used or if he is a creative collaborator as Sartre would have it? Sartre's choice to shape his argument in these terms seems all the more surprising given that he makes the exact opposite argument with regard to Genet. Sartre's Genet is a writer who has nothing to communicate, albeit because he is not allowed to communicate, who uses his reader as a means to simply recreate his own poetic self. Nonetheless it is in the Genet study where we find Sartre's most interesting explanation of the relationship between language and reality up until that point in his career and provides important background to the question of what literature can do by explaining how language relates to being.

What is unique about the Genet study that sets it apart from a work like *Being and Nothingness* and *What is Literature* is that Being is now defined as a linguistic reality controlled by the ruling class, or whom Sartre refers to as the Just. Prose has become the politicized guardian of being, nature, and goodness and also defines what it is considered as truth. From the beginning we see just how far Sartre's faith in prose and communication has been eroded. Hardly any authors other than Genet are mentioned and when they are it is with a derisive tone. The few times he mentions prose in this work, other than to describe Genet's false prose, it is in reference to mundane and non-literary tasks, drawing up an insurance contract, setting up a catalog in a library, for example. While Sartre's refusal to acknowledge any other cases of literary prose and other prose writers in *Saint Genet* could have many reasons, it seems that Genet represents a kind of exquisite paradox for Sartre, whereby a writer whose ability to communicate is sacrificed to give birth to a purely literary voice. Through his radical inability to communicate, Genet avoids the stagnant pool of clichés into which prose has fallen. What Lyotard says of the Flaubert study seems equally appropriate here: "In capitalism prose has ceased being, for Sartre, the medium within which transcendences communicate. It has become the accumulation of established meanings. We no longer speak within it, but are rather spoken. The rule is no longer free usage, but the constraint of commonplaces and received ideas. It is within that collapse that the crisis of democracy and the decline of the bourgeoisie are to be situated: meaning, become immanent, is escaping signifying subjects." (Hollier 1986) For Sartre, Genet is not only hope for language, but hope for new meaning, a challenge to the stagnation of the bourgeois order and conventional morality.

Genet is able to do this because he relies on what Sartre calls the *sens* of language, which is associated with poetry, instead of its *signification*, which is associated with prose. *Signification* and *sens* are two simultaneously occurring aspects of language that pull in opposite directions: the *sens* moves toward nothingness, evoking the presence of the absence of the thing to which it refers in the case of Genet while *signification* points toward things or concepts in the world. Sartre explains: "...the word is at the same time sonorous object and vehicle of meaning. If you direct your attention toward the *signification*, the word disappears and you move past it to ground the "meaning" in the thing signified. If, on the other hand, exiled from the Universe, you are only attentive to the verbal body, the only reality that you can possess and hold between your tongue and your lips, then thing signified disappears and the *signification* becomes a fading away of being, a haze beyond the word that dissipates." (Sartre 1952, 346) For Sartre, Genet's work represents pure *sens*, or the idea of language with no signified. His position as an outsider cuts him off from the linguistic reality of the Just where words readily disappear in front of the objects or concepts they signify. The *sens* of words, of which Genet is keenly aware, on the other hand, refers to the opaqueness of words as they are viewed as things themselves and no longer a transparent signifier that points to something: "a transcendence fallen into immanence." (Ibid., 340) Lacking a real signifier, words cause the things they refer to evaporate like smoke. The reality of words becomes a substitute for the reality of things. When used outside of the realm of reciprocal relationships, the realm where communication takes place, language becomes, for Genet and, I would argue, for literature in general, a detachment from the world, or a world unto itself.

Sartre's *Genet* is able to make full use of the *sens* of language because reality is structured like language. He creates a trap for the reader and lures him. His language pulls the reader away from the real and causes him to follow the words as empty signifiers toward the vanishing point to which they refer. "Genet tempts us by the best of ourselves; he appeals to our generosity, to our free will, he demands as any other artist that we lend ourselves to his enterprise..." and further down "Since to read is to recreate, we recreate, for beauty's sake, the homosexual intercourse that is sumptuously bedecked with the rarest of words. But the words fade away, leaving us face to face with the residue, a mixture of sweat and filth, terrible perfumes, blood and excrement." (Ibid., 552) To read Genet is to enter the subjectivity of the outcast, to see the world through the eyes of the one that society objectifies to the extreme, the homosexual criminal. By assuming Genet's subjectivity in this imaginary world, the reader opens himself to a new set of possibilities: namely the possibility that he could be like Genet. For Sartre, a willingness to imagine that one could be other, or be oneself and other, is probably its greatest power.

Rather than envision literature as an absolute, which would essentially undo all ties between literature and the world, Sartre sees the literary as a relative absolute. Its existence is a parasite on the original linguistic structure that we come to know when we are introduced to language, which is a structure of prose. Genet was born into the world of prose and learned it like any other child until he was named a thief and transformed into a poet. In this regard, Sartre's theory of commitment provides the framework in which literature can contest reality because it has its origins in reality. As he explains in *Les mots*, literature is not a holy order to be contemplated respectfully from a distance, it has a place in the real world. While words take on a life of their own, as in the case of Genet, they never completely lose their relationship to the world; as absolute and distant as language and literature become, they must retain at least a small element of their signifying function in order to make sense.

So where does all this leave us? Arguably, there is bad faith on both sides and a willingness to not find common ground but there is also convergence toward a more central position as well. Ricardou was still clinging to an outdated theory of commitment and an understanding that lacked nuance. However, his reference to the literary as something that is always present in the human experience, that gives meaning to the world, recalls Sartre's argument in *L'Imaginaire*. Sartre also refuses to acknowledge the possibility that even if literature were an absolute it could still play an important social role. Sartre's rejection of literature as absolute must be seen in light of *Les mots* and also his critique of Flaubert, which amounts to a rejection of art for art's sake, another idea that Ricardou also rejects several times in his lecture. There must be some room for agreement on the spectrum between art for art's sake and commitment. And then there is also a convergence of opinion. Sartre moves closer toward a more Blanchot-like definition of literature as silence, which is also how he defines Genet's work. The most successful literature allows the reader to recreate a global signification, something homologous to his own reality, the world as if it had as its origin in human freedom, a unifying structure which he lacks in everyday life, which is certainly not far from a kind of absolute. In these highly political times, even the New Novelists, whose literature seemed gratuitous and unhumanistic for Sartre, agreed that literature plays an important social role by shaping the readers experience of reality.

I will end with a quote from Berger that I think summarizes, if not the theoretical position, at least the spirit with which all six respondents, all men and women of letters and of the left. "And all of us here, we are all reactionary writers are we are so by necessity, inevitably, we are all concerned about dying children, each one according to his degree of courage and the firmness of his convictions and the quality of his sensibilities. For the reactionary writers and the men of the left that we are, I only know one solution, le va-et-vient." Without literature, we will never know when it's time to put down the book for a minute and do something else.

Dr. Wesley F. Gunter, New York University, NY,
wesley.gunter[at]nyu.edu

References

Hallier, Jean-Edern. *Que Peut La Littérature?* Paris: Union Générale d'Editions, 1965.

Hollier, Denis. *The Politics of Prose : Essay on Sartre*. Minneapolis: University of Minnesota Press, 1986.

Louette, Jean-François. "La littérature, du pouvoir au besoin," *La Nouvelle Revue Française*, no. 609, September 11 (2014): 35-44.

Moi, Toril. "What Can Literature Do? Simone de Beauvoir as a Literary Theorist," *PMLA* (The Journal of the Modern Language Association of America), 124, no. 1 (2009): 189-197.

Sartre, Jean-Paul. *Qu'est-ce que la littérature?* Paris: Gallimard, 1948.

Sartre, Jean-Paul. *Saint Genet, comédien et martyr*. Paris: Gallimard, 1952.

Sartre, Jean-Paul. "Que peut la littérature?," *La Nouvelle Revue Française*, no. 609 (September 11, 2014): 30.

DISCUSSION

YVANKA B. RAYNOVA (Sofia/Vienna)

Feminism and Gender Studies dismantled?
Critical Reflections on the Occasion of the 650th Jubilee of Vienna University

Since the beginning of 2015, a series of articles, interviews, and comments were propagated in the media about the struggle for the Eva Kreisky chair on Political Theory at the University of Vienna, and the precarious situation of feminist theory in the academia. In an interview, published on the 8th of March, 2015, in the Austrian newspaper *Die Standard* – the woman's edition of *Der Standard* –, the well-known feminist Birgit Sauer, professor of political theory at the University of Vienna, disclosed:

> There are two levels in feminist science: feminist and gender research in the various disciplines and Gender Studies as an own discipline. In this regard a lot happened from 1970 to 1990. A Gender research unit was established at Vienna University, and also different [feminist] chairs were created ... in philosophy, in history, and political science... But with the wave of retirements in the recent years, it came to a struggle for these professorships. Unfortunately, Feminist Studies at the Vienna University lost it often... In philosophy the chair [of Herta Nagl] was not filled by a feminist professor and the reappointment of the chair of Eva Kreisky, the pioneer of feminist political science, is uncertain. The University set a half-hearted signal even about the Gender Studies chair that was discontinued last week. Now we have a Master's Degree of Gender Studies which stands now without a professorship - that's a joke! At the University of Vienna, there are more fights in this field than at other universities, because of the precarious financial situation. (Sauer 2015b)

Furthermore, Sauer deplores the fact that there is no long-term strategy for the establishment of Gender Studies as academic discipline. Thus, not only is the institutionalization precarious, but also the gender thematic is in many disciplines marginal, especially in Austria. "The German Research Foundation, DFG, has since five years a gender program, so that a reflection on this theme must be present in all research proposals. At the Austrian Science Fund there is nothing like that, and no one is committed to the issue," she says.

In another recent study, Sauer gives a long analysis on the struggle for the institutionalization of Feminist Theory and Gender Studies in the German-speaking countries and comes to the conclusion that "On the one hand, the institutionalization of Women's and Gender Studies in the Political Sciences was relatively successful, but on the other hand, it would be justifiably to assert that it successfully failed." (Sauer 2015a, 127)

In their article "Feminist science is coming into trouble," published in the same edition of *Die Standard*, the authors – Sarah Yolanda Koss and David Tiefenthaler, freelance journalists and students at Vienna University – are deploring the same fact, namely that, at Vienna University, feminist critique is becoming unwanted, and thus many feminist fields tend to disappear:

> With Herta Nagl-Docekal in philosophy, Edith Saurer in history and Eva Kreisky in political science a critical-feminist focus were created at the University of Vienna in the last decades which enjoyed international recognition. But currently the feminist researches have a strong counteraction – inside as well as outside of the university. With Kreisky's retirement in 2012, the chair of political theory was released. To date, it is open and the continuation of the feminist political studies introduced by her is unclear. In any case, in the chair tender of 2013, this [feminist] focus was not mentioned. (Koss/ Tiefenthaler 2015)

In other words, the call for tenders of Kreisky's chair was for "Political Theory," without any further specification. Moreover, the rector rejected the nomination of the jury, which proposed two women and a man, saying that the women were "unqualified," and their professional specialization is "too narrow." Consequently, a new sequence of the nominations was done so that the man moved from third place to first. This procedure was contested as a violation of the principles of equal treatment, and sent to the Arbitration Commission of the University. On the initiative of the students, an international petition was started which was signed by renowned professors, including Judith Butler. In conclusion, the authors of the article invited the readers to sign the petition. But as we actually know, the 1000 professors' signatures could not help, and the case is still unclear.

The Sauer interview and the article by Koss and Tiefentaler provoked strong reactions from some university scholars.

In his article "Vienna University: No gender leasehold properties," published in *Der Standard* (the men's edition of *Standard*), Stefan Brocza, lecturer in the same Faculty of Political Sciences, reminds that Kreisky was an internationally recognized representative of the critical feminist tradition, but her chair and the call for tenders were not about feminism:

> It's not about the reappointment of a relevant gender professorship or a theory with gender focal point. The tender stated simply 'political theory' without any addition. The successor should represent the entire field in its full breadth and depth. She or he should have 'outstanding achieve-

ments in research, international reputation, and excellent publication activities and integration into the international scientific community.' (Brocza 2015)

Depicting the academic struggle, he criticizes the way that Kreisky got the chair, and then the actual nominations, and concludes that none of the struggling parties will receive glory; neither the Institute, because, in fact, it did not support a feminist focal point of research, nor the rector, because he did not take a firm position by assuming the consequences and appointing the best candidate (probably the male professor).

Another impassionate reaction, which is of special interest here, is the article by Elisabeth Nemeth, professor at the Department of Philosophy and Dean of the Faculty of Philosophy and Education at the University of Vienna, "Fog over the Gender Studies?" (Nemeth 2015) It is striking that her text was printed in *Der Standard* and not in *Die Standard*, even though it was a direct response to the interview of Birgit Sauer and the article by Sarah Yolanda Koss and David Tiefenthaler.

Nemeth begins with a firm statement, that "in the debates about an alleged feminist claim to professorships at Vienna University, it came to cheap misstatements" and that "it is time to let populism aside in order to comply with already achieved standards of argumentation." (Ibid.) She recalls that the conditions for women's careers and gender research at the University of Vienna have recently been critically discussed often, which is a good thing, however incorrect points were publicly claimed: "It is wrong to claim that in the past a chair of Feminist philosophy was created, which had not been filled," referring to the chair of Herta Nagl. This professorship did not contain any sub-specification of philosophy. "Herta Nagl's research and teaching were about philosophy in all its breadth," and she dealt with feminism and gender intensively. In the 1980s and 1990s, the Institute of Philosophy created an environment that promoted feminist concerns. Nemeth also emphasizes that the University's policy at that time included three points: First, the viewpoint that a clear distinction must be made between the promotion of academic careers of women, and the promotion of feminist research; women should not feel forced, directly or indirectly, to pursue more feminist theory as other scientific interests. Second, it was clear that moving away from the term "women's studies" to "gender studies" contributed in a theoretical and political way. Thus, the criticism of the essentialist dualism "man/woman" made feminism politically questionable, as women could no more claim the sole representation in terms of gender. Third, there was the viewpoint that chairs of feminism or gender studies are not the wisdom's last word. That is why neither philosophy nor feminist gender theory should be established as a closed area in itself for filling a niche. Even when few women could anchor at the University in this way, gender issues should not been isolated to research and teaching. Regarding these questions, outlines Nemeth, feminists never absolutely agreed and such an agreement is not desirable. Yet, what is desirable is to keep the academic reputation which Herta Nagl gave to feminist philosophy. Her work in feminist theory responded to the same systematic standards as demanded in other areas of philosophy, and this was of the highest value for feminist philosophy. A gender specialization of her chair would not be of help to feminism in philosophy. Given the thematic breadth of Herta Nagl's internationally recognized and highly respected research, after her retirement in 2009, the tender of the chair was called "Political Philosophy and Social Philosophy," i.e. with a range in which gender issues could be, but must not be, integrated. The jury nominated an internationally highly respected philosopher for first place, a man without specialization in feminist research, which was a legitimate option for the Institute. Hence, the cheap misrepresentation of the dedication of the chair as a feminist one, and the critique that it was given to a non-feminist, is highly inappropriate. In conclusion, Nemeth states:

> Historical reminiscences cannot answer the questions we ask ourselves today: What are the institutional and structural causes of the "glass ceiling"? How will gender research be further developed in philosophy? The debates will - as usual - have to be based on international research and quality standards. (Ibid.)

Let us a take a closer look at the presented positions and debates. Stefan Brocza is absolutely right – and this is, of course, the main problem – that the call for tenders of the Kreisky chair was for Political Theory at large, without any mention of a feminist focal point. If the call were with a specification, then the rector could not so easily say the first two nominated women are not qualified for the professorship. The proof is that the second one nominated, Nikita Dhawan, got a professorship in late 2014 at the University of Innsbruck for "Political Science, Political theory with a thematic emphasis in the field of Women's and Gender Studies."[1] So much for her qualifications.

As for Herta Nagl's chair, Elisabeth Nemeth insists that the call for tenders was "Political Philosophy and Social Philosophy" without any sub-specification. But in the online comments, a person under the pseudonym of "dobiezki," obviously an ex-member of the Institute of Philosophy, accuses Nemeth of giving incorrect information and being perfidious:

> The chair of Nagl was called as follows: 'Political Philosophy and Social Philosophy with implication of Philosophy of Law and Philosophical Gender Studies.' The current chair-holder is not competent in the field of Gender Studies; so when Nemeth was asked about, she replied that the Institute took decision against the Gender Studies. There is falsity and falseness. Years ago, the same Institute for Philosophy at Vienna University took a similar decision: as the Peers in the

---

[1] See the chair at: http://www.zefg.fu-berlin.de/Datenbanken/Professuren-mit-Teil-oder-Voll-Denomination-fuer-Frauen--und-eschlechterforschung/datensaetze_oesterreich_schweiz/oesterreich/dhawan_nikita_nachfolge_werlhof_innsbruck.html.

course of an evaluation of the Institute apprised the Working Group of Feminist Philosophy as outstanding and recommended to expand it, it happen exactly the same, namely nothing. (Dobiezki 2015)

As I'm neither a member of the Institute, nor do I work at Vienna University, I cannot say anything about the exact formulation of the call for tender. But years ago, when I was a guest researcher there, I was an associated member of the aforementioned Working Group, and I remember the evaluation quite well. So, this last part of the above comment is correct. For the rest, no matter how the call was formulated, it is clear that the Institute of Philosophy at Vienna University, similar to the Institute of Political Sciences, which did not support a feminist focal point of research, decided against the fields of Feminist Philosophy and the Philosophical Gender Studies. I suppose that the whole procedure is done in a legal way so that no one can complain or rebut it. But does this mean that there is only "populism," "cheap misstatements," and "fog over the Gender Studies" in the testimonials of Sauer, Koss, and Tiefenthaler, as Nemeth suggests? What all three authors deplore is the fact that, after the retirement of such personalities like Eva Kreisky and Herta Nagl, feminist research in Political Sciences and in Philosophy risks being lost in the case that there is no more recruitment of professors working in these fields. Sure, there are "no gender leasehold properties" on professorships which are on "Political Theory" at large or on "Political Philosophy and Social Philosophy" at large, but there is something very curious in the arguments against the "narrowness" of Feminist Political Theory and the Philosophical Gender Studies used against some candidates, labeling their professional field of specialization as "too narrow." When Brocza underlines that, according the call for tenders, Eva Kreisky's successor "should represent the entire field in its full breadth and depth" than it follows, no more no less, that he/she should also be a specialist on Feminist Political Theory as a part of Political Theory. The position of Elisabeth Nemeth is more multisided, playing with open debates and concepts, but even she insists on "argumentative quality standards," her own argumentation is not exempt from inconsistencies.

Nemeth knows, that someone could object that Herta Nagl's successor is not competent in Philosophical Gender Studies. Therefore she underlines at the very beginning: "It is wrong to claim that in the past a chair of Feminist philosophy was created, which had not been filled," and explains later that since there was no sub-specification of the call for tender "gender issues could be, but must not be integrated." She is perfectly aware that it would be not plausible to directly argue the uselessness of feminist and gender issues, which had a great impact in the past and contributed to the Institute's international reputation. So, between her initial statement and the conclusion about the unrequired feminist chair in philosophy, she gives an extensive tutorial about high quality standards and policies of career advancement. In brief, she seems to advocate the promotion of women (as she herself is a woman who arrived, fortunately, to break the "glass ceiling," becoming a professor, then director of the Philosophy Institute, and finally dean of the whole Philosophy faculty), but she does not insist on the promotion of Feminist Studies which is, she says, "something different," emphasizing that feminist chairs are not "wisdom's last word." In particular, Feminist Philosophy seems not to be needed. Evoking the move from Women's Studies to Gender Studies as a broader area, Nemeth *indirectly* suggests a move from Feminist Philosophy to the philosophical Gender Studies. I say "indirectly," because, in fact, she blends both terms at many points in her text. Yet Feminist Philosophy[2] and philosophical Gender Studies are not the same pair of shoes; the one cannot replace or sublate the other. In the interview that I conducted with Herta Nagl in 1998, she explains why "Gender Studies in the area of Philosophy" is a term that cannot replace "Feminist Philosophy," and she underlines that there is not just a difference of terminology, but of thematics. Thus, both concepts have their legitimacy, according to her, but we should be aware that the broad notion of Gender Studies bears the danger of losing the critical emancipatory impact inherent to the Feminist Studies. (Nagl-Docekal/Raynova 2010, 182) Moreover, as I already mentioned, the professorship of Nikita Dhawan at the University of Innsbruck has a "thematic emphasis in the field of Women's and Gender Studies," which shows that both fields are still needed, something on what Herta Nagl also insists (Nagl-Docekal, 1994, 181) Nemeth, on the contrary, aims to prove that both fields are not needed, either in Philosophy (as fields of Feminist Philosophy or philosophical Gender Studies), or as their own areas of research which should be institutionalized as chairs.

For the devaluation of Feminist Philosophy – one of Herta Nagl's main fields of contribution – and hence of a chair of philosophical Gender Studies, Nemeth uses her most sophisticated argument about the international academic reputation of Herta Nagl:

> Herta Nagl gave feminist philosophy an academic prestige that it never enjoyed before. Her work is the proof that she used in Feminist Theory the same systematic standards as demanded in other areas of Philosophy. This was for Feminist Philosophy of highest value. A gender-specialization of her professorship would not have helped Feminist Philosophy to arrive to such reputation. Given the thematic breadth of Herta Nagl's internationally highly respected research, after her retirement in 2009, the call for tender of her chair was for "Political Philosophy and Social Philosophy" – that is, with a range in which gender issues can be, but must not be integrated. (Nemeth 2015)

---

[2] She defines Feminist Philosophy as "philosophizing guided by the interest of woman's liberation," (see Nagl-Docekal, 1994, 13).

But what does this statement really mean?

Firstly, Nemeth insinuates that Feminist Philosophy is something less then all "other areas of Philosophy," which, as everybody knows, were created by men and are still dominated by men who define its standards of excellence. Second, this permits her to claim that "a *gender-specialization of her professorship* would not have helped Feminist Philosophy to arrive to such reputation" (sic!), i.e. that if the denomination of the chair was on feminist or gender issues in Philosophy, and if Herta Nagl had worked only on Feminist Philosophy, no matter how excellent her work may be, she would never have earned the same recognition, nor arrived to give prestige to the field. (This is also the logic of the rector – Feminist Studies are too narrow.) Besides the fact that you cannot be good in Feminist Philosophy without being a good philosopher, i.e. without competences in "other areas of Philosophy," here we must deal with similar prejudices as in the time of Marie de Gournay and Poullain de la Barre. The difference is that actually it is not (just) about the intellectual capacities of women, but about the area of their research and methodology. Sure, Feminist Philosophy does not have the same "prestige" as, for example, Analytic Philosophy, because it is not a dominant discourse, and never will be. Moreover, as a critical methodology, it is quite inconvenient – it calls into question the "order of discourse," power relations in society and philosophy, "grand narratives," ways of speech, and argumentation which produce oppression and exclusion. Therefore, it is very convenient to say that Feminist Philosophy became prestigious only because of Herta Nagl (a nice way to flatter her), and thus to suggest that this prestige is passé with her retirement, i.e. that Feminist Philosophy has no own "scientific" value or theoretical impact. Third, all this permits Nemeth to propose that a special chair in Feminist Philosophy/philosophical Gender Studies is not needed.

Without a doubt, Nemeth's arguments go hand in hand with the decision of the Institute against Gender Studies and Feminist Philosophy. The future will show if this was an academic gain, advancing Philosophy to the highest international standards praised by her, or a loss that will maybe never be recouped. In any case, there is an obvious inconsistency in her argumentation and evaluation standards. On the one hand, if the Institute really wanted to keep the academic reputation and topical breadth that Herta Nagl gave to the chair, as Nemeth pretends, then the call for tenders should be *uncut*, i.e. it should be "Political Philosophy and Social Philosophy with implication of Philosophy of Law and Philosophical Gender Studies" in order to make sure that these fields will be covered. On the other hand, the areas of "Political and Social Philosophy" are so broad, when unspecified, that it would be hard to find a scholar who is competent in their whole. Today, almost every scholar specializes in some topic, thus everyone who applies for such a position could be rejected with the argument that he/she lacks of "thematic breadth." On the contrary, if there were specifications or subspecifications of the academic field, the argument of "narrowness" could not be used as easily. So, there are (good) standards and (bad) standards, and it is not just about argumentation, but about the hidden interests behind it, i.e. about power relations and legal ways of marginalization and obliteration of inconvenient fields of education and research. If there is a "fog over the Gender Studies," as Nemeth claims, then there is no less "fog over call for tenders" based on shady arguments about "thematic breadth" and "narrowness."

Prof. Dr. Yvanka B. Raynova, Institute for the Study of Societies and Knowledge – Bulgarian Academy of Sciences, Sofia / Institut für Axiologische Forschungen, Wien, raynova[at]iaf.ac.at

References

Brocza, Stefan. "Uni Wien: Keine Gender-Erbpachten," *DerStandart.at*, 16 März 2015 (online: http://derstandard.at/2000013013902/Uni-Wien-Keine-Gender-Erbpachten)

Dobiezki. Comment to Elisabeth Nemeth's "Nebel über der Genderforschung?," *Der Standart*, 27. April 2015 (online: http://derstandard.at/2000014944819/Nebel-ueber-der-Genderforschung)

Koss, Sarah Yolanda / Tiefenthaler, David. "Feministische Wissenschaft gerät in Bedrängnis," *DieStandart.at*, 8 März 2015 (online: http://diestandard.at/2000012466033/ Feministische-Wissenschaft-geraet-in-Bedraengnis).

Nemeth, Elisabeth. "Nebel über der Genderforschung?," *Der Standart*, 27. April 2015 (online: http://derstandard.at/2000014944819/Nebel-ueber-der-Genderforschung)

Nagl-Docekal, Herta. (ed.), *Feministische Philosophie*, Wien: Oldenbourg, 1994.

Nagl-Docekal, Herta / Raynova, Yvanka B. "Feministische Philosophie – Frauenforschung – Gender Studies. Ein Gespräch mit Herta Nagl-Docekal," in Raynova, Yvanka B. *Feministische Philosophie in europäischem Kontext: Gender Debatten zwischen "Ost" und "West,"* Wien/Köln/ Weimar: Böhlau, 2010, 178-192.

Sauer, Birgit. "Politikwissenschaftliche Frauen- und Geschlechterprofessorinnen im deutschsprachigen Raum. Zwischen Besonderheit und Besonderung oder auf dem Weg zur Normalität?," *Femina politica* 2015/1, 126-134 – [2015a].

Sauer, Birgit a.o. "Forscherinnen: 'Ich habe das Gefühl, ich bin in einem Dauerkampf," An Interview with Birgit Sauer and Sushila Mesquita, realized by Oona Kroisleitner and Tanja Traxler, *Die Standart.at*, 8 März 2015 (online: http://diestandard.at/2000012455589/Forscherinnen-Ich-habe-das-Gefuehl-ich-bin-in-einem-Dauerkampf) – [2015b].

www.ingramcontent.com/pod-product-compliance
Lightning Source LLC
Chambersburg PA
CBHW081332230426
43667CB00018B/2909